KB213504

커피 한 잔의 명상으로 10억을 번 사람들

| 성공한 사람들의 100가지 명상 |

커피 한 잔의 명상으로 10억을 번 사람들

Break
time
for
coffee

조셉 머피 · 오시마 준이치 지음 | 박운용 옮김

나라원

소망을 이루려면
잠재의식을 활용하라

제가 머피 박사의 저서를 처음 보게 된 것은 스물다섯 살 쯤 되었을 때입니다. 당시 영국에서 유학생활을 하던 저는 우연히 서점에 들렀다가 《당신도 부자가 될 수 있다》라는 책을 보게 되었습니다. 가벼운 마음으로 한 장 두 장 페이지를 넘기던 중 뭔가 제 마음에 강하게 와 닿는 것이 있었습니다. 그 즉시 책을 구입한 저는 한 권 전체를 단숨에 읽었고, 당시에 느꼈던 감동은 지금도 잊히지 않습니다. 그 후에도 하루에 2, 3페이지씩 천천히 되풀이해서 읽었고, 런던에 머무는 동안에만 모두 대여섯 번쯤 읽었던 것으로 기억됩니다.

그러던 중 저는 제가 오랫동안 탐구하고자 했던 것, 또 막연하게나마 예지했던 일들이 우주의 진리라는 것을 확신하기에 이르렀습니다. 저는 동서양의 철학서적과 종교서적을 탐독하면서 모두가 하나의 진리를 지향하고 있음을 깨달았습니다.

제가 학문을 넘어 인생의 진리를 탐구하게 된 데는 이유가 있었습니다.

성 바울은 신의 출현을 통해, 루터는 친구가 벼락에 맞아 죽는 것을 보고 종교에 깊이 빠져들었지만, 평범한 저로서는 그와 같이 드라마틱한 일은 경험하지 못했습니다. 하지만 평범한 사람의 경험이 오히려 많은 사람들의 인생에 참고가 되지 않을까 생각합니다.

제 머릿속에는 늘 품고 있던 의문점 한 가지가 있었습니다. 그것은 '양심적이고, 성실하고, 머리가 좋다고 해서 반드시 성공하거나 행복하게 사는 건 아니다. 대체 그 이유가 무엇일까?'라고 말입니다.

개인적인 예를 들어보면, 제 아버지께서는 성실하지 못하고 무능력했지만 스스로는 행복한 일생을 보내셨습니다. 반면에 어머니는 온순하고 정직했으며 근면하게 사셨지만 하루도 편안한 날이 없이 일생을 병으로 고생하시다 돌아가셨습니다. 형제를 봐도 정직하고 인품이 좋다고 해서 반드시 성공하고 행복하게 사는 것도 아닙니다. 또 중·고등학교 시절에 수재였던 친구들이 반드시 공부로 성공한 것도 아니고, 부유하다고 해서 반드시 만족스러운 생활을 하고 있지도 않습니다. 그렇다면 세상이 너무 불공평한 것이 아닌가 하는 생각도 들었습니다.

저는 학창시절에 그러한 의문점들에 대해서 철학 교수에게 물었습니다. 교수는 "이 세상은 올바른 자, 의로운 자가 반드시 행복하진 않다는 모순을 갖고 있다. 그렇기 때문에 사후 세계가 있어야 마땅하다고 주장하는 가장 유력한 증거다"라고 대답했습니다. 또 칸트였는지 괴테였는지 확실하지 않지만 한 철학자의 말을 인용하여, "올바른 자가 얼마나 불행하게 사는가만 봐도 사후 심판이 있는 것이 확실하다"는 말도 덧붙였습니다.

저는 교수의 말을 그런 대로 이해는 했습니다. 하지만 정의로운 사람이 왜 복을 누리거나 행복하게 살 수 없는 것일까 하는 의문은 풀리지 않았습니다.

그 후 다윈이, "학문으로 성공하는 것은 머리가 좋고 나쁜 것보다는 마음의 문제다"라고 말한 사실을 알았을 때, 저는 한 줄기의 빛을 본 느낌이었습니다. 진화론을 실증한 인류 최고 두뇌의 소유자 다윈도 대학을 졸업할 때까지 학교 성적이 몹시 부진하자 아버지는 "여동생이 차라리 남자였다면 좋겠다"고 말할 정도였다 합니다. 다윈의 말 가운데 '학문'이란 말을 '인생' 혹은

'일'이란 말로 바꿔보면, '인생의 성공은 머리가 좋고 나쁨의 문제보다 마음가짐에 달렸다'고 말할 수 있습니다. 여기에서 마음가짐은 '성실하라', '정직하라', '근면하라', '강한 의지를 가져라' 같은 수양이나 도덕적 가르침과는 분명히 별개의 것입니다.

저는 우주 전체를 정신으로 보는 라이프니츠 이후의 독일 철학에 깊은 관심을 가졌습니다. 그 정신을 프로이드, 융 이후의 잠재의식학과 결부시키면 실천 가능한 철학적 세계관이 생기지 않을까 하는 생각을 갖기 시작했을 때, 머피 박사의 책을 보게 된 것입니다.

당시에 유학생은 돈벌이에 관한 책을 읽어서는 안 된다는 생각이 지배적이었습니다. 그러나 저는 앵글로 색슨인, 즉 영국과 미국 등 영어권 국민이 세계를 지배하게 된 것은 부에 관한 사고방식이 그만큼 앞섰기 때문이 아닐까 생각해서 그들의 치부술에 대해 관심을 갖고 있었습니다. 그런 의미에서 머피 박사가 쓴 《당신도 부자가 될 수 있다》는 사람의 마음가짐에 대한 가장 깊이 있고 실천적인 책이었습니다. 저는 이 책과 저자를 발견한 것이 너무나도 기뻤습니다.

저는 몹시 가난한 환경 속에서 대학을 나왔습니다. 지능지수도 중상 정도였고 초등학교나 중학교 성적도 중간이었습니다. 건강도 선천적으로 나빠 초등학교 때는 체육시간에도 자주 빠지는 학생이었습니다.

돌이켜보면 제가 일본에서 대학과 대학원을 졸업하고, 유학이 어려웠던 시절에 유럽까지 가서 대학을 다니고, 또다시 미국에 건너가서 학위를 받을 수 있었던 것은 기적이라고밖에 할 수 없습니다. 게다가 이렇다 할 병도 앓지 않고 늘 건강해서 감기 한 번 걸리지 않습니다. 지금은 경제적으로 풍족하고 행복하게 생활하고 있으며, 사립과 국립대학에서 학생들을 가르치는 한편, 학문도 마음껏 연구하고 있습니다.

오늘의 저를 있게 한 것은 타고난 지능이나 체력이 아니고 부모의 유산도 아닙니다. 그것은 오로지 저의 '마음가짐'에 있다고 자부합니다.

이 책은 세계적인 정신의학자이자 잠재의식의 권위자인 조셉 머피 박사의 강연 중 어록이나 저서에서 가장 중요한 핵심 100가지를 간추려 해석해놓은 것입니다. 이 책에 실린 사례들이 어쩌면 독자들에게는 이상하게 보이고, 기적처럼 보여 믿기 어렵거나, 터무니 없게 보일지도 모르겠습니다. 하지만 이 책에 있는 이야기들은 모두 머피 박사나 제가 알고 있는 사실이며 진실입니다.

이 책은 한 가지의 진리로 다양한 것을 실천할 수 있음을 보여주기 위해 백 번씩 되풀이하고 있습니다. 머피 박사의 잠재의식 이론은 매우 흥미롭고 수준이 높아서 매번 반복해서 읽을 때마다 새로운 영감과 아이디어를 제공해 줍니다. 이 책을 통해 잠재의식의 진리를 마음속에 깊이 새기고, 또 자연스럽게 그 진리에 따른 삶을 살 수 있게 될 것입니다.

책을 다 읽고 나면 반드시 책 뒷면에 읽은 날짜를 적어 두기를 권합니다. 매번 읽을 때마다 새로 태어나는 기분을 느낄 수 있을 것입니다. 그리고 이 책을 20회 정도 되풀이해서 읽었을 때, 정신적으로나 물질적으로나 전보다 훨씬 발전되고 향상되었음을 분명히 느낄 수 있을 것입니다.

독자 여러분은 다양한 직업과 각양각색의 소원을 가지고 계시겠지요. 아무리 소망이 특이하거나 대단한 것이라도 잠재의식을 활용하면 소망은 반드시 실현됩니다.

당신도 나날이 발전하고 성장하는 사람들 중 한 사람이 될 수 있습니다. 행복한 사람, 풍요로운 사람, 성공한 사람은 잠재의식의 법칙을 실천하고 있는 사람들입니다.

만약 당신의 삶이 불행하거나 가난하거나 또 실패에서 벗어나지 못하고 허덕이고 있다면, 그것은 당신이 잠재의식을 활용하지 않았기 때문입니다. 자신의 잠재의식이 가진 힘을 알고 또 그 힘을 활용하는 방법은 모두 이 책에 쓰여 있습니다.

이 책은 한꺼번에 읽기보다 몇 페이지씩 천천히 곱씹어 읽을수록 좋습니다. 커피 한 잔 마실 여유만 있으면 충분합니다. 5분 동안 편안하게 명상을 하겠다는 생각으로 이 책을 읽어보세요. 그리고 틈 나는 대로 잠재의식에 관한 이론을 마음속에 깊이 새기시기를 바랍니다.

머피 박사의 가르침은 이론으로 반복해서 익힐수록 효과가 빠르고 확실해집니다. 이론을 익힌 다음에는 나머지 일들을 무조건 잠재의식에 맡기세요.

여러분이 미처 찾지 못한 잠재의식의 힘을 찾고자 노력한다면, 이 책은 분명히 당신에게 정신적, 물질적으로 풍요와 자유를 가져다주리라 확신합니다.

지은이 오시마 준이치

차례

Break time for coffee

Break time for coffee

지금 당신은,

당신의 선택 여하에 따라 10억을 벌 수도 있고

그 이상의 것도 성취할 수 있습니다.

다만 그것은 당신이 세운 목표를 향해

출발하느냐 아니면 정지하느냐에 달려 있습니다.

풍요로운 내일을 향해 출발하는 것,

그 선택은 오직 당신만이 할 수 있습니다.

커피 한 잔의 명상으로 10억을 번 사람들

삶을 스스로 선택하는 방법

당신은 가끔 스스로에게 '나는 누구일까?'라고 의문을 던진 적은 없었는지요. 거기에 '나는 누구의 아들'이라든가, 또는 '어느 직장에 다니는 사원' 아니면 '어느 대학 학생' 등 여러 가지 답변을 할 수 있을 것입니다.

그러나 자신이 누구인지 좀더 근본적으로 파고들다 보면 "나는 지금 내가 생각하고 느끼는 그 자체다"라고 말할 수 있습니다. 스스로 행복해서 가슴이 벅차오를 때, 그것이 당신입니다. 당신이 비참하고 불행해서 견딜 수 없을 때, 그것도 당신입니다. 따라서 '당신'은 바로 '이런 사람이다'라고 단 하나로 정의내릴 수 없습니다.

당신은 살아가는 내내 선택합니다. 당신은 항상 '좋은 일을 생각하고 행복을 느끼는 사람'인지, 아니면 '나쁜 일을 생각하고 불행을 느끼는 사람'인지 어느 쪽이든 당신 스스로 선택하고 있는 것입니다.

당신은 자신이 원하는 모습의 당신을 선택할 수 있습니다. 왜냐하면 지금부터 보다 나은 당신, 보다 더 행복한 당신을 선택하는 원리와 방법을 이 책이 머피 박사의 가르침을 빌어 전해드릴 것이기 때문입니다.

좋은 일이 일어나기를 바라고 기다리는 마음에는, 좋은 일을 끌어당기는 일종의 자석과 같은 힘이 있습니다. 당신이 좋은 일이 일어나기를 간절히 원한다면 잠재의식은 결국 좋은 기회를 잡도록 당신을 자연스럽게 이끌어줄 것입니다.

록펠러처럼 크게 성공한 사람에서부터 우리 주변의 작은 성공을 거둔 사람에 이르기까지 그들에겐 한결같은 공통점이 있었습니다. 반드시 긍정적인 사고를 한다는 점, 인생의 어두운 면보다 밝은 면을 보려는 성향이 매우 강했다는 점입니다.

좋은 일을 생각하면 좋은 일이 일어나고
나쁜 일을 생각하면 나쁜 일이 일어납니다.

잠재의식에게는
농담이 통하지 않는다

잠재의식은 옳고 그름을 판단하거나 선택하는 능력이 전혀 없습니다. 당신이 마음속으로, 즉 현재의식으로 생각한 것은 무조건 전부 실현시켜 버립니다. 그 예로 당신이 "나는 승진하고 싶지만 나에게는 그럴 만한 능력이 없다"고 말한다면 잠재의식은 그것을 진실로 받아들입니다.

그와 반대로 "나는 반드시 승진하고야 말겠어!"라고 말하면 잠재의식은 그것을 받아들여 당신의 소원을 이루어줍니다. 이것이 "나는 실패할 거야"라든가, "잘 안 될 거야"와 같은 부정적인 말을 해서는 안 되는 이유입니다.

당신의 잠재의식 속에 언제나 밝고 긍정적인 말을 심으세요. 잠재의식은 당신의 말을 일단 받아들이고 나면 그것을 꼭 이루어내고 맙니다. 긍정적인 말을 자주 하면 당신은 자신도 모르게 변화되어 갑니다. 그리고 문득 깨달았을 때 당신은 보다 긍정적이고 매력적인 자신, 행복해진 자신을 발견하게 될 것입니다.

무심코 던지는 한 마디 말이나 마음가짐에도 더욱 주의를 기울이세요. 다른 사람에게 운 좋은 일이 생겼다고 해서, 당신이 "저것은 교활한 짓으로 얻은 행운이야"라고 평가한다면 당신의 진심은 무엇이겠습니까. 당신은 그 사람의 행복을 시기하여 '그에게 행운이 없었더라면 좋았을 텐데' 하는 마음이 있었던 건 아닐까요?

잠재의식은 진심에 대해서만 반응합니다. 따라서 '행운이 없었으면 좋았을 텐데'라는 당신의 부정적인 마음을 받아들여 당신에게 행운이 오지 않도록 작용하기 시작합니다. 당신의 마음을 솔직하게 바라보며 아름답고 좋은 생각으로 채우세요.

당신이 진실로 행운, 부, 건강을 바라고 있고, 또 그것을 부정하고픈 생각이 없다면 그 소망은 반드시 이루어집니다.

잠재의식은 좋은 일이든 나쁜 일이든
당신의 생각대로 실현시킵니다.

잠재의식은 만능의 기계

잠재의식은 만능의 기계와 같아서 무엇이든 할 수 있지만 그 기계에는 반드시 운전할 사람이 필요합니다. 그가 바로 당신의 현재의식입니다. 당신 스스로 운명을 좌지우지할 수 있다고 말하는 것도 그 때문입니다.

그러면 어떻게 해야 잠재의식을 마음껏 운전할 수 있을까요? 그것은 잠재의식에 바람직한 느낌과 암시가 들어가도록 의식적으로 자신을 통제하면 됩니다. 그런 다음 '뭔가 좋은 일이 일어날 것만 같은 느낌'만 당신이 선택해 잠재의식에 넘겨주면 됩니다.

몸이 아무리 허약하고 머리가 나쁘고 의지가 약해도 그 정도의 선택은 얼마든지 할 수 있습니다. 그래서 머피의 이론은 만인의 법칙이라고도 말합니다.

자신의 잠재의식에 항상 밝고 희망적이며 기대에 찬 말을 들려주세요. 만능의 잠재의식은 당신의 미래를 밝고 희망적인 미래, 당신이 간절히 소망하는 미래로 알아서 향해갑니다.

잠재의식을 원하는 대로 움직이는 덴 특별한 힘이나 노력이 필요 없습니다. 자신에게 해로운 생각은 버리고 긍정적인 생각만 해도 당신은 자신의 '운명'을 스스로 움직일 수 있습니다.

제가 아는 사람 중에 같은 대학 같은 학과를 졸업한 후 같은 직장에서 일하는 두 사람이 있었습니다. A씨는 건강하고, B씨는 악성 지병을 앓고 있었습니다. A씨는 큰 아파트 단지에서 살고 있고, 자신이 사는 집을 만족해했습니다. 반면에 B씨는 작고 오래된 목조 아파트에서 살고 있고, 언젠가는 꼭 정원이 있는 아담한 집을 갖고 싶어 했습니다. 그로부터 7년 후, A씨는 여전히 그 아파트에 살고 있고, B씨는 정원이 있는 아담하고 아름다운 집을 장만했습니다.

잠재의식은 만능의 기계입니다.
그러나 이것은 자기 혼자서는 움직이지 못합니다.
기계를 움직이는 것은 당신의 현재의식입니다.

배는 선장이 조종하는 대로 움직인다

잠재의식은 거대한 우주에 두루 퍼져 있을 만큼 크고 넓지만, 크다고 해서 움직이기 어려운 것은 아닙니다. 40만 톤이 넘는 무게의 거대한 몸집을 가졌더라도 선장 한 사람의 지시에 따라 움직이는 것이 배입니다. 선장이 '이렇게 큰 배가 내가 키를 잡는다고 움직이겠어?'라고 의심한다면 실제로 어떤 방법으로도 배는 움직이지 않습니다. '움직인다'라고 생각해야 움직입니다.

사실 산처럼 커다란 배가 자기 마음대로 움직여진다는 건 움직여 본 사람만이 실감할 수 있겠지요. 그때 자기가 움직이는 키가 어떤 기계에 연결되어 있는가는 일일이 알지 못해도 됩니다.

크리스마스 전날, 한 여대생이 시가지를 걷다가 우연히 명품 매장에 진열된 비싸고 멋진 여행가방을 보게 되었습니다. 그러잖아도 휴가 삼아 고향에 가서 며칠 쉬고 오려던 참이었습니다. 그녀는 '갖고는 싶지만 내게는 저 가방을 살만한 돈이 없어'라고 생각하고 체념하려 했습니다. 그런데 다음 순간 머피 박사의 이론이 머리를 스쳤습니다.

'마지막까지 부정적인 말을 하지 마라. 긍정적인 생각으로 바꿔라. 잠재의식이 기적을 일으킬 것이다'라는 머피의 이론을 말입니다. 그녀는 자신에게 말했습니다.

'저 가방을 내 것으로 받아들이자, 나머지는 잠재의식이 알아서 해줄 거야.'

그날 밤 8시, 그녀의 약혼자가 크리스마스 선물을 주었습니다. 선물은 그날 아침에 그녀가 매장에서 보고 자기 것이 되리라고 믿었던 바로 그 가방이었습니다.

작은 키만 돌렸는데도 거대한 배가 정말로 움직여준 것입니다. 이 일이 우연이라고 생각하는 사람은 잠재의식이 무엇인지를 아직 모르는 사람입니다.

잠재의식을 배라고 한다면
당신이 의식하는 마음은 선장입니다.

25

05

잠재의식이
당신을 재창조하고 있다

저의 제자가 이런 이야기를 들려준 적이 있습니다.

"저는 젤리를 먹지 못해요. 아무리 먹어보려고 해도 목에 넘어가질 않아요. 모두가 맛있게 먹고 있어도요. 최근에야 할머니한테 그 이유를 들었죠. 제가 어렸을 때에는 무척 젤리를 좋아했다고 해요. 그런데 어느 날 젤리를 많이 먹고는 설사를 했는데 좀처럼 멎지 않았대요. 그 후부터 저는 젤리를 먹지 못하게 되었다는군요. 참 이상하죠. 그런 일을 전혀 기억할 수 없으니 말이에요."

그렇습니다. 자신은 깨끗이 잊어버렸어도 잠재의식은 그것을 기억하고 있습니다.

다른 예로, 자신은 기억하지 못하지만 예전에 고등어를 먹고 식중독에 걸렸던 일 때문에 고등어만 보면 금세 속이 울렁거리는 방어 본능을 일으키는 경우가 있습니다. 그때도 몸을 지배하는 잠재의식이 그 사실을 알고 있기 때문입니다.

이처럼 당신의 잠재의식은 하루 24시간 쉬지 않고 활동하면서, 한번 받아들인 것은 절대로 잊어버리지 않고 당신을 끊임없이 재창조하고 있습니다.

그러므로 잠재의식에게 명령할 때는 자신에게 불리한 말을 해서는 안 됩니다. "나는 커피를 마시면 새벽 3시까지 잠이 안 와" 하고 말하는 사람은 잠재의식에게 '나의 몸을 새벽 3시까지 잘 수 없게 해라!' 하고 명령하는 것과 같아서 정말 새벽 3시까지 잠을 잘 수 없게 될 것입니다. 또 "나는 돈과는 인연이 없어"라고 말하는 것은 잠재의식에게 자신을 가난하게 놔두라고 명령하는 것과 같습니다.

밤낮으로 쉴 틈 없이 활동하는 잠재의식을 자신에게 유익하게 작용시키는 일이 바로 당신의 현재의식이 맡은 임무입니다.

잠재의식은 한 번 받아들인 것은
절대 잊지 않습니다.

06

보물은
먼저 마음속에서 찾아라

당신이 간절히 원하는 것은 무엇입니까? 혹시 귀한 보물입니까? 다이아몬드 반지입니까? 그렇다면 다이아몬드를 찾으러 아프리카까지 갈 필요는 없습니다. 우선 자신의 마음속에서 찾아보세요. 손가락에 다이아몬드 반지를 끼고 있는 당신의 모습을 상상해 보세요. 그 모습을 반복해서 보는 동안 당신은 실제로 잠재의식의 신비한 힘에 의해 그 반지를 얻게 됩니다.

남자도 그렇지만 여자도 마음에 드는 결혼 상대를 찾는 것이 쉽지 않습니다. 노인인 경우는 특히 더 어렵습니다. 그런데 일흔다섯 살의 한 미망인이 머피의 이론으로 결혼한 예가 있습니다.

노부인은 "나와 결혼하고 싶어 하는 사람이 있다. 다정하고 사려 깊은 그 분과 나는 행복한 결혼을 하게 될 것이다"라는 말을 온 마음을 담아 반복해서 되뇌었습니다. 그러던 중 왠지 가슴속에 불이 지펴진 듯 따스한 느낌이 들더니 '내 소망대로 나는 결혼할 것이다'라는 확신이 강하게 들었다고 합니다.

기도를 시작한 지 보름 뒤 노부인은 대형 마트를 운영하는 노신사를 소개받았습니다. 노신사는 친절하고 이해심이 많았으며 신앙심도 깊은 사람이었습니다. 교제를 시작한 지 일주일도 안 되어 노부인은 자신의 손가락에 끼워진 진짜 다이아몬드를 보게 되었습니다. 노신사에게 청혼을 받은 것이지요. 그녀는 실물로 된 다이아몬드를 손에 넣기 전에 이미 자신의 마음속에서 먼저 다이아몬드를 발견했던 것입니다.

당신이 원하는 것이 있다면 우선 그것을 당신의 마음속에서 발견하세요. 그런 다음 원하는 것과 실제로 얻게 된 상태를 마음속으로 똑똑히 보고 그것을 꽉 움켜쥐세요. 드디어 '내 것이다'라는 느낌이 들 때까지 계속해서 말이지요. 당신의 소망은 반드시 실현됩니다. 이것이 바로 잠재의식의 법칙입니다.

우주의 보물창고는 당신 마음속에 있습니다.
보물을 그 속에서 찾아 움켜쥐세요.

창조력은 마음속에 있다

볍씨는 아무리 분석해도 탄수화물 및 기타의 화학성분일 뿐입니다. 하지만 그 볍씨를 논에 뿌리면 싹이 트고 꽃이 피어 다시 벼가 됩니다. 얼마나 신비스러운 일입니까? 흙이 신비로운 작용을 일으켜 볍씨를 성장시키고, 줄기가 나고 열매를 맺게 합니다. 마찬가지로 감의 씨에서는 감나무를, 도토리에서는 떡갈나무를 탄생시킵니다. 즉 종자 속에 모든 것이 들어 있고, 그것이 땅속에 떨어지면 흙이 그에 알맞게 처리해주는 것입니다.

당신이 의사가 되고 싶다고 가정해보죠. 그리고 자신이 흰 가운을 입고 민첩하게 도와주는 아름다운 간호사와 함께 환자를 치료하는 모습을 머릿속으로 선명하게 떠올립니다. 눈에 보이듯 선명히 떠올리는 시각화를 생각이라고 해둡시다.

그 '생각'은 곧 종자입니다. 그리고 시각화를 분명한 형태로 잠재의식에 넘기는 것이 바로 파종입니다. 그러면 훗날 그 종자는 반드시 싹이 트고 성장하게 되어 있습니다. 종자가 싹을 틔우려면 햇빛도 필요합니다. 햇빛은 신념에 해당됩니다. 제초 작업도 필요합니다. '안돼, 틀렸어' 하는 부정적인 소리가 들릴 때 그 소리를 잘라버리는 결단이 그에 해당합니다.

우선 좋은 생각, 좋은 종자를 선택하세요. 그 생각을 반복해서 신념을 가지고 떠올리세요. 비관적인 생각이 들 땐 과감하게 잘라 내세요. 종자는 훗날 훌륭히 자라 풍성한 열매를 맺습니다.

명석한 두뇌를 갖고 싶다면 명석한 당신을 머릿속에 분명하게 그리세요. 내 경험상 보통 4, 5년이면 못 알아 볼 만큼 두뇌가 명석해집니다. 또 아름답고 매력적인 여성이 되고 싶다면, 꿈꾸는 당신의 모습을 잠재의식에 심어 넣고 계속 기대하세요. 천천히 그러나 확실하게 당신의 외모까지 변화시켜 놓을 것입니다.

잠재의식은 토양이고 의식하는 마음은 씨앗입니다.
좋은 씨앗에서는 좋은 열매가 열리고
나쁜 씨앗에서는 나쁜 열매가 열립니다.

신념이 기적을 낳는다

'암시'라는 정신을 이용한 심리요법이 있습니다. 그런데 이 암시는 작용하는 사람이 있고 작용하지 않는 사람도 있습니다. 하지만 잠재의식은 본인이 아닌 다른 사람에게도 그 영향이 나타날 수 있습니다.

다음은 런던의 캑스턴 홀 소장인 이블린 프리트 박사에 관한 이야기입니다.

한 남자의 딸이 불치의 피부병과 함께 관절염까지 앓게 되었습니다. 의사의 치료도 아무 소용이 없었습니다. 남자는 "내 딸이 낫기만 한다면 내 오른팔을 주어도 좋다"고 말하며 딸이 완쾌되기만을 간절히 기도하고 또 기도하였습니다.

그로부터 2년쯤 지난 어느 날, 남자의 가족이 드라이브를 하다가 교통사고가 일어났습니다. 사고로 남자는 오른팔이 절단되는 불행을 겪었습니다. 그런데 기이하게도 딸은 아버지의 팔이 절단됨과 동시에 피부병도 관절염도 거짓말같이 완치되었습니다. 남자가 2년 동안 딸을 위해 간절히 기도했던 그 일이 마침내 잠재의식을 통해 이루어진 것입니다.

잠재의식은 스스로는 판단하지 못하기 때문에 받아들인 대로 실현시킵니다. 그 기도는 아버지에게도 실현됐을 뿐 아니라 딸에게도 실현되었습니다. 잠재의식이 개인을 초월해서도 작용하는 것을 보여준 실례입니다.

세계적으로 유명한 외과 의사이자 노벨상 수상자인 알렉시스 카렐(Alexis Carrel) 박사도 이처럼 의학적으로 불가사의한 일이 종종 일어난다는 것을 인정했습니다.

신념이 진실로 깊어지면
기적 같은 일이 일어납니다.
신념이 굳건하면 그 무엇도 그 누구도
당신을 쓰러뜨릴 수 없습니다.

날마다 행복한 잠자리

밭에 씨앗을 뿌릴 때에도 적절한 시기가 있습니다. 뙤약볕이 비치는 한여름이나 땅이 꽁꽁 어는 한겨울은 더욱 좋지 않습니다. 역시 이른 봄이나 초가을처럼 날이 적당히 따뜻한 때여야 적절한 시기라고 할 수 있습니다.

마찬가지로 만능의 토양인 잠재의식에 씨앗(당신의 생각)을 뿌릴 때도 받아들여지기 쉬운 때가 있습니다.

잠재의식에 생각이라는 씨앗을 뿌리기 가장 좋을 때는 밤에 잠자기 전 의식적으로 근육을 느슨하게 폈을 때, 그리고 아침에 일어나 눈은 떴지만 아직 의식이 뚜렷하지 않을 때가 가장 적합

합니다.

당신이 소망하는 일이 있다면 그 일을 생생하게 상상하세요.

예를 들어 당신이 의사가 되고 싶은 사람이라면 의사가 된 모습을, 당신이 결혼하고 싶은 여성이라면 멋진 남성과 함께 행복한 결혼생활을 하고 있는 모습을, 당신이 부자가 되고 싶은 사람이라면 소파에 편안하게 앉아 차 마시며 음악을 듣고 있는 모습을 상상하는 것입니다.

그다음 그 상상을 "잠재의식에 넘겼다!"라고 단호히 선언하고 나머지는 잠재의식에 전부 맡기세요.

상상하는 시간이 1분이든 10분이든 상관없습니다. 그렇게 아침저녁으로 반복하세요. 이것은 행복한 기분으로 잠들고 행복한 기분으로 눈을 뜨는 방법입니다.

잠재의식은 당신의 소망을 실현시키기 위해, 당신이 잠자고 있는 동안에도 쉬지 않고 우주를 천천히 움직이고 있습니다.

잠재의식에 소망의 씨앗을 뿌리기 가장 좋은 때는
의식하는 마음은 쉬고 근육은 느슨해진 상태.
편안하고 행복한 마음으로 하는 상상이
당신의 소망을 당신 곁으로 가까이 끌어당깁니다.

슈바이처 박사의 증언

아프리카의 성자인 슈바이처 박사가 원주민들의 금기에 관해 놀랄 만한 사실을 전한 바 있습니다.

원주민들 사이에서는 아기가 태어날 때 아버지가 술에 취한 채 아무 말이나 나오는 대로 아기의 금기를 말한다고 합니다. 예로 "왼쪽 어깨!" 하면, 아기의 왼쪽 어깨가 금기가 되어 거기를 얻어맞으면 죽는다고 믿게 됩니다. "바나나!" 하고 말하면, 아기는 커서도 바나나를 먹으면 죽는다고 믿는 것처럼 말이죠. 슈바이처 박사는 실제로 그 금기로 죽은 예를 많이 보았다고 합니다.

다음과 같이 극단적인 예도 있습니다.

바나나 요리를 한 냄비를 씻지 않고 다른 음식을 요리했는데, 그 요리를 어떤 원주민이 먹었습니다. 그 냄비로 바나나 요리를 했다는 말을 들은 원주민이 새파랗게 질린 얼굴로 경련을 일으키며 쓰러지더니 온갖 치료에도 죽고 말았습니다.

물론 바나나를 먹고 죽을 사람은 없습니다. 그 원주민이 냄비에 바나나가 묻었다는 걸 몰랐다면 아무 일도 없었겠지요. 누구나 이렇듯 쉽게 암시에 걸리지는 않습니다. 하지만 정도의 차이는 있을지라도 암시가 인간에게 놀라운 작용을 하는 것은 분명합니다. 그러므로 '나의 병은 낫지 않을 것이다', '나는 행복해질 수 없다', '나쁜 일이 일어날 것 같다'는 등의 부정적인 암시가 일어날 때는 즉시 단호하게 암시를 묵살하는 습관을 길러야 합니다. 그러면 나쁜 암시는 작용할 수 없습니다. 그런 다음 좋은 암시로 바꾸세요. '나는 아주 건강한 몸이 될 것이다', '나는 멋진 배우자를 만날 수 있다'라고 말입니다.

당신의 주변 사람들을 가만히 살펴보세요. 소신껏 자신의 길을 걸으며 성공한 사람들은 습관적으로 나쁜 암시는 받아들이지 않는다는 사실을 알 수 있을 것입니다.

좋은 암시가 습관화된 사람은 좋은 현실을,
나쁜 암시가 습관화된 사람은 나쁜 현실을 부릅니다.

포기하지 않는 마음이
성공으로 이끈다

살다보면 아무리 애써도 난관을 극복할 방법이 없다고 생각될 때가 있습니다. 그때를 주의하세요. 당신이 '느끼는 것'은 잠재의식도 느낍니다. 만능의 잠재의식은 불가능이 없기 때문에 당신이 느끼는 대로 이뤄지게 만듭니다.

미국에 몹시 가고 싶어 하는 일본인 청년이 있었습니다. 그는 자신이 관심을 갖고 있는 문제를 깊이 연구하려면 아무래도 미국에 가야만 한다고 생각했습니다. 하지만 30년 전의 일본에서는 해외에 나간다는 게 쉬운 일이 아니었습니다. 청년은 다행히 잠재의식의 힘을 알고 있었기에 다음과 같이 기도했습니다.

'나에게 이 소망을 심어준 무한한 지성은, 소망을 실현할 수 있도록 나를 이끌며 완벽한 계획을 제시해줍니다. 잠재의식의 깊은 지혜가 답을 줄 것을 알고 있습니다. 내가 마음속으로 느끼고 원하는 일은 반드시 실현됩니다. 나의 마음은 언제나 평화롭고 고요합니다.'

이렇게 기도한 뒤에도 미국에 갈 기회는 좀처럼 오지 않았습니다.

그러던 어느 날, 청년은 드디어 유럽의 작은 나라에 갈 기회를 잡았습니다. 그 나라에 가있는 동안 그곳에 체류 중인 미국인 교수를 알게 되었습니다. 그 교수의 도움으로 미국에 가게 되었고, 그 후 청년은 미국 대학의 교단에 서게 되었습니다.

잠재의식은 우리가 현재로서는 의식하지 못하는 웅대한 계획을 가지고 있습니다. "이젠 틀렸어"라고 부정하는 것은 잠재의식의 도움을 거부하는 것과 같습니다.

역경에 부딪혔을 때 "이젠 틀렸어"라고 말하는 것은
잠재의식의 도움을 거절하는 것입니다.
스스로 자신이 잘못되도록 만들고 있는 것입니다.

정직하고 양심적이면서도
가난한 사람들

여러분의 주위를 가만히 둘러보세요. 정직하고 양심적이며 친절한데도 불행하게 사는 사람, 뻔뻔스럽고 못된 사람인데도 의외로 잘 사는 사람이 있지 않나요?

제 주변에도 그런 사람이 있습니다. 정말 훌륭한 사람인데도 평생 동안 행복을 누리지 못하고 결국 암으로 돌아가신 분이 있습니다. 그토록 훌륭한 분이 어째서 행복한 삶을 누리지 못했을까요. 잘 생각해 보면 이런 분들은 자신의 미래가 밝을 것이라는 기대감이 별로 없었던 것 같습니다. 책임과 의리를 지키는 일에는 양심을 지켰을지 모르지만 자신의 꿈이나 미래에 대해서는 소홀히 생각했던 것이지요. 자신의 미래를 위해서는 양심을 지킬 때만큼의 의지도 적극성도 발휘하지 못했던 것입니다. '빌린 돈을 어떻게 갚을까?' 걱정한다던가, 의리나 양심을 잃을 때의 부끄러운 모습 등 어두운 이미지만 그렸을 것입니다.

잠재의식은 옳고 그름의 판단 없이 의식이 그려 주는 이미지 대로 실현할 뿐입니다. 그렇기에 객관적으로는 훌륭한 사람일지라도 불행한 일을 겪게 됩니다.

반대로 이기적이고 나쁜 사람인데도 행운을 얻어 부유한 생활을 하는 경우가 더러 있습니다. 그런 사람은 자신의 장래를 항상 밝게 그리기 때문에 판단력은 없지만 만능인 잠재의식이 그 사람의 소망이 실현되도록 힘을 보태준 것입니다.

도덕적이고 양심적인 것만으로는 행복해질 수 없습니다. 행복한 자신의 모습을 생생히 떠올리고 잠재의식이 도와줄 것임을 믿어야 합니다. 자신의 내면세계를 어두운 것보다 밝은 것으로 더 많이 채울 때 당신은 지금의 노력만으로도 배의 성과를 거둘 수 있습니다. 행복한 삶을 누리기에는 옳은 일을 하는 것만으로는 부족합니다. 세상에는 불행한 의인도 많은 것처럼 말이지요.

정직하고 근면한 사람이 보답받지 못하는 것은,
잠재의식을 잘못 사용하고 있기 때문입니다.

5분 치료의 기술

　우리는 최초 눈으로 볼 수 없을 만큼 작은 수정란에서, 누구의 손을 빌리지 않고 손발이 나오고 눈과 귀가 생겨서 현재에 이르렀습니다. 그렇게 되도록 만든 것은 우리의 잠재의식입니다. 우리를 존재하게 한 잠재의식이므로 우리 몸의 질병도 고칠 수 있습니다. 다만 잠재의식을 움직이게 하는 방법이 문제입니다.

　어떤 종교든 기적을 가지고 있습니다. 예수도 석가모니도 반드시 기적을 나타냅니다. 이것은 인간이 종교적인 믿음에 깊이 빠질 때 의식하는 마음이 잠시 작동을 멈추고, 그 순간 잠재의식이 직접 작동하기 때문입니다.

비전문가도 비교적 쉽게 작동시킬 수 있는 것이 바로 사마귀입니다. 사마귀는 수를 세면 없어진다는 말이 있습니다. 사마귀가 없어진 것은 숫자를 헤아리기 때문이 아니라, 없어진다고 믿기 때문입니다.

머피 박사는 40년 전쯤 의사조차 고치지 못했던 악성 피부병을 기도로 고친 일이 있습니다. 그는 다음과 같이 기도했습니다.

"나의 육체는 나의 잠재의식 속에 있는 무한한 지성에 의해 만들어졌습니다. 시계를 만든 사람이 그 시계의 고장 난 부분을 고칠 수 있듯이 잠재의식의 지혜도 자신이 만든 나의 기관, 조직, 근육, 뼈라고 하는 존재의 모든 원자를 바꾸어 완전하게 치료해주고 있습니다. 현재 내 몸은 치유가 시작되고 있고 그것에 감사하고 있습니다. 내 안에 존재하는 저 창조적 지성의 신비로움이여!"

머피 박사는 이 기도를 하루에 5분씩 2, 3회 소리 내어 기도했고 3개월 후에 그의 피부는 완전히 깨끗해졌습니다.

인간의 몸을 존재하게 하는 것이 잠재의식이므로
잠재의식을 잘 활용하면
우리의 병도 쉽게 고칠 수 있습니다.

폐암을 회복시킨 10분 명상

　우리의 '의식하는 마음'은 원하는 대로 잠재의식을 조종하거나 통제하지 못합니다. 식사 후 소화시키지 말라고 해도 소화를 시키며 혈액은 내 의지와는 무관하게 몸속을 순환합니다. 하지만 잠재의식을 이용하는 방법이 전혀 없는 건 아닙니다. 의식하는 마음으로 이미지를 만들어 잠재의식에게 넘겨주면 됩니다.

　남아프리카 요하네스부르크의 한 목사가 폐암 진단을 받았습니다. 일반적인 의학 소견으로는 절망적이었습니다. 그래서 그는 머피의 이론을 실천하고자 반드시 하루에 몇 번씩 정신과 육체를 완전히 쉬게 했습니다. 방법은 다음과 같았습니다.

'나의 발이 편안하다. 나의 복사뼈도 편안하다. 나의 다리도 편안하다. 나의 배 근육이 편안하다. 나의 심장도 폐도 편안하다. 나의 모든 존재가 완전히 편안하게 쉬고 있다'라고 생각하는 것이었습니다. 이렇게 해서 5분이 지나면 꾸벅꾸벅 졸음이 옵니다. 그 상태에서 그는 다음과 같이 말합니다.

"신의 완전함이 이제 내 육체를 통해 표현되고 있다. 완전히 건강한 이미지가 나의 잠재의식을 가득 채우고 있다. 신이 나에 대해 가진 이미지는 완전한 이미지이다. 그러므로 내 잠재의식은 신의 마음속에 있는 완전한 이미지와 호응하여 나의 육체를 다시 창조한다."

이렇게 해서 목사는 불치병인 암을 기적처럼 고칠 수 있게 되었습니다.

혹시라도 병을 앓고 있다면 이 방법을 사용해보세요. 정신적 치료가 병을 치료한다는 점에선 현대 의학과 조금도 모순되지 않습니다. 치료 방법이 다를 뿐 치료 목적은 같기 때문입니다. '믿고 구하면 얻으리라' 했던 성서의 의미도 여기에 있습니다.

마음속으로 그리는 건강한 이미지가
건강한 몸을 만듭니다.

수양에 도움이 되는 마음

　현재의식이 생각이 많거나 근육이 긴장되어 있을 때는 잠재의식이 작동하기 어렵습니다. 머피 이론을 이용하기 위해서는 심신을 느슨하게 푸는 기술이 중요합니다. 요령은 앞에서 말했던 요하네스부르크의 목사처럼 발끝에서부터 근육이 느슨해지도록 하나하나 명령하는 방법이 효과적입니다.

　맨 먼저 오른쪽 발가락이 느슨해지도록 명령하고, 다음에 복사뼈, 무릎, 넓적다리 순서로 위로 올라온 후, 왼발을 똑같은 순서로 하고, 다음에 성기, 장, 위, 심장, 폐, 목으로 올라와 다시 오른

손을 거쳐 왼손의 손끝, 손목, 팔꿈치, 어깨의 순서로 느슨하게 풀어줍니다. 그리고 아래턱(입을 약간 벌린 모양), 코, 귀, 눈, 머리 순으로 풀어줍니다. 익숙해지면 이 과정을 모두 30초 만에 할 수 있습니다. 그러면 손도 못들 만큼 몸이 나른해지고 살짝 졸음이 오기도 합니다. 그때 자신이 원하는 모습을 그려보세요. 즐겁고 평화로운 기분이 들 것입니다.

이 방법을 편안한 마음으로 하루에 몇 번씩 반복해보세요. 집에서는 언제든지 할 수 있고, 출퇴근 시간 지하철에서나 버스에서도 눈을 감고 할 수 있습니다. 또 퇴근하면 식사 전에 잠깐 누워서 할 수도 있습니다. 특히 밤에 잠자기 전에는 반드시 해보시기 바랍니다. 어깨가 결리거나 머리가 무거울 때도 어느새 증세가 없어지거나 호전되는 경우가 많습니다.

인간의 마음은 몸의 질병과 밀접한 관계가 있습니다. 이렇게 몸을 느슨하게 푸는 방법이 우리의 정신뿐 아니라 육체도 건강하게 만들어줄 것입니다.

우리의 잠재의식은
몸을 느슨하게 풀었을 때 더 활발하게 움직입니다.
그저 근육 하나하나에 편히 쉬라고 명령하면 됩니다.

자신의 소망을 상상하라

'소망을 선명하게 상상했을 때 그 이미지가 잠재의식에게 넘겨지고 그 소망은 반드시 실현된다'고 했습니다. 그렇다면 이미지가 과연 잘 넘겨졌는지 알려면 어떤 방법이 있을까요?

확실한 방법이 하나 있습니다. 그것은 소망이 이뤄진 상황을 상상할 때 긴장감이랄까 뭔가 움찔하는 느낌이 들면 됩니다. 그 느낌은 겨우 몇 초 동안인 경우도 있고 더 오래 지속되는 경우도 있습니다. 그것은 당신의 이미지를 잠재의식이 받아들였다는 신호입니다. 잠재의식은 한번 받아들이고 나면 그것을 실현시키지 않을 수 없기에 당신은 그저 믿고 기다리면 됩니다.

독일 유학을 꿈꾸는 남학생이 있었습니다. 그는 독일에 대해서는 잘 모르지만 독일을 대표하는 라인 강에 관해서는 조금 알고 있었습니다. 그래서 저는 그에게 자신이 라인 강변에 서있는 모습을 머릿속으로 계속 그리라고 지도했습니다.

하루에도 몇 번씩 라인 강변에 서있는 광경을 상상하던 어느 날, 그는 갑자기 몸에 한기가 느껴졌다고 합니다. 계절이 여름이었기 때문에 그도 나도 잘 이해되지 않았습니다. 그런데 그해 가을 갑자기 유학에 관한 이야기가 잘 마무리되어 10월 말에 독일로 가게 되었습니다.

그가 뒤셀도르프 공항에 도착했을 때, 마침 독일에서 무역상사에 다닌다는 일본인이 손님을 마중 왔다가 허탕쳤다며 그를 차에 태워주었습니다. 그런데 차를 달리던 일본인이 그에게 라인 강을 보여주겠다며 차를 세우는 것이었습니다. 그때가 10월 말이라서 강바람이 차가울 때였습니다. 그는 자신도 모르게 "앗, 추워!" 하고 말했습니다. 그 일은 3개월 전, 그가 고국에서 이미 경험한 일임을 깨닫고 몹시 놀랄 수밖에 없었습니다.

소망을 이룬 모습을 상상하는데
묘한 긴장감이 느껴진다면,
그것은 소망이 잠재의식에 새겨졌다는 증거입니다.

기적을 가져온 반지

　머피 박사의 친척 중에 중증의 노인성 폐결핵에 걸린 사람이 있었습니다. 그는 서부 오스트레일리아에 살고 있었으며 그때의 의학으로는 회복할 가능성이 없었습니다.

　타지로 독립해 살던 아들이 이 소식을 듣고 서부 오스트레일리아의 집으로 돌아왔습니다. 신앙과 잠재의식의 상관관계를 잘 알고 있던 아들은 아버지에게 이렇게 말했습니다.

　"아버지, 저는 기적이 잘 일어난다는 유럽의 한 기도원에서 온 수도사를 만났어요. 수도사가 진짜 십자가 조각을 가지고 있기에 그에게 간절히 청해서 그 조각을 얻었고 대가로 오백 달러를 기부했습니다. 이 진짜 십자가는 닿기만 해도 그리스도에 접촉한 것과 마찬가지로 기적이 일어난다고 합니다."

아들은 십자가 조각이 들어있는 반지를 아버지께 드렸습니다. 일흔네 살의 아버지는 자식의 뜻하지 않은 효도에 매우 감격하여 그 반지를 빼앗듯이 받아 가슴에 꼭 안고, 조용히 기도한 후 잠자리에 들었습니다.

다음 날 아침, 눈을 뜬 아버지는 완전히 건강을 되찾은 기분이 들었습니다. 그리고 실제로 병원 검사도 모두 음성인 것으로 나타났습니다.

사실 아들이 준 것은 진짜 십자가 조각이 아니었습니다. 그저 길에서 주운 나뭇조각을 보석상에 가지고 가서 반지에 끼워 넣은 것뿐입니다. 아들이 가져왔던 선물은 가짜였지만 아버지에게 준 선물은 진짜였던 것입니다.

예부터 전해지는 기적 같은 이야기에는 거짓말도 있었지만 정말 병이 치유된 일도 많았음을 이 이야기로도 알 수 있습니다. 잠재의식을 움직일 수만 있다면 말입니다.

무엇이든 간절히 믿을 수만 있다면
잠재의식이 그 믿음을 이루는 기적을 일으킵니다.

최면요법과 잠재의식

최면술을 질병 치료에 처음 이용한 사람이 독일의 의학자 메스머(F. A. Mesmer, 1734~1815)입니다.

그가 1778년 파리에 진료소를 개설했을 때 그곳은 보통 병원의 진료실과는 전혀 달랐습니다. 고가의 그림과 크리스털 유리를 사용한 장식, 로코코 풍의 시계, 두터운 페르시아 풍의 양탄자 등, 당시 왕가 귀족의 저택처럼 호화스런 방이었습니다. 방 한가운데는 크고 둥그런 통이 놓여 있고, 철제 막대가 몇 개 꽂혀 있습니다. 환자가 그 막대를 손으로 잡으면 방 한편에 있던 악단이 단조로운 음악을 연주합니다.

그때 화려한 옷차림을 한 메스머가 등장하여, 음악에 맞춰 환자의 주위를 돌면서 환부에 손을 댑니다. 환자는 순간 멍해집니다. 얼마 후 음악도 멈추고 어느 사이 메스머의 모습도 사라집니다. 환자가 문득 정신을 차렸을 때 병은 치유되어 있습니다.

메스머는 이것을 '동물자기(animal magnetism)'에 의한 것이라 말하고, 이 치료 방법을 '메스머리즘(mesmerism)'이라고 불렀습니다. 물론 현대 과학으로 볼 때 이것은 전혀 근거 없는 속임수입니다. 하지만 치료율이 아주 높아서 루이 16세까지도 그 방법을 이용했다고 합니다.

메스머리즘은 오늘날 흔히 말하는 최면요법입니다. 그리고 최면요법이란 바꿔 말하면, 사람의 의식하는 마음을 멍하게 만들어 잠재의식이 직접 작동하도록 만드는 것을 의미합니다. 의식하는 마음은 판단하는 마음이기 때문에 암시를 받아도 '그런 일은 있을 수 없다'고 판단합니다. 그래서 잠재의식은 의식하는 마음에 따라버리는 것입니다. 하지만 판단하는 마음이 몽롱한 상태가 될 때 잠재의식은 암시를 받아들입니다. 그리고 한번 받아들인 일은 잠재의식이 반드시 실현시킵니다.

최면술도, 최면요법도
잠재의식을 움직여 원하는 것을 이루는 방법입니다.

잠재의식을 움직이는
효과적인 방법

파라켈수스(P. A. Paracelsus 1493~1541)는 바젤 대학의 초대 화학 교수로, 당시에는 세계 제일의 연금술사라고 평판이 자자하던 사람입니다. 그런 그가 다음과 같이 말했습니다.

"당신의 신앙 대상이 진실이든 아니든 같은 효과를 나타냅니다. 그렇기 때문에 내가 성 베드로 자체를 믿는 대신에 성 베드로상을 믿었다 해도 성 베드로에게 같은 도움을 받을 수 있습니다. 하지만 이것은 미신입니다. 신앙은 그것이 미신이라도 기적을 낳을 때가 있습니다. 참된 것을 믿든 그릇된 것을 믿든 신앙은 항상 기적을 낳습니다."

이 말은 오늘날에도 적용되는 말입니다.

그가 살았던 시대는 종교개혁 시대로서 로마 가톨릭처럼 마리아상을 숭배하는 것을 우상 숭배라고 부정하는 개신교가 많이 등장했습니다. 그런데 얄궂게도 로마 가톨릭교회 쪽에 기적이라고 할 만한 일이 훨씬 많았습니다. 이것은 가톨릭 쪽이 진리이고 개신교 쪽이 미신이라는 뜻은 아닙니다. 어쩌면 개신교 쪽이 더 합리적일지도 모릅니다.

하지만 마리아상 앞에서 기도하는 쪽이 신앙하는 기분이 더 든다는 사람이 많은 것도 사실입니다. 깊게 믿을 수 있기만 한다면 기적은 일어나는 것이기에 가톨릭 쪽이 단연 기적이 많은 것도 납득이 됩니다.

기적이 일어나는 것은 신앙의 대상이 더 위대해서도 더 학문적이어서도 아닙니다. 믿음이 깊어서 그 믿음이 잠재의식에 도달했기 때문입니다. 아름다운 마리아상이 도움이 되었다면 그것은 실제로 성모 마리아가 도와주었다고 생각해도 과언이 아닌 것입니다.

우상 숭배를 쉽사리 부정해서는 안 됩니다.
그것은 잠재의식을 움직이는
하나의 효과적인 방법이기 때문입니다.

종교 다툼이 없어진다

서양에는 한때 극심한 종교전쟁이 있었고, 중동지역에서는 지금도 같은 민족끼리 혹은 이웃나라끼리 전쟁을 벌이고 있습니다. 하나같이 자신의 종교만이 구원을 가져다줄 수 있다고 말합니다. 불교계에서도 기독교계의 각 종파들도 같은 말을 합니다.

하지만 자기만 옳다고 말하는 종파가 세계적으로 이렇게 많다니 이상하지 않습니까? 종교간, 종파간의 추한 싸움을 보고 많은 사람들이 종교에 염증을 느껴 무신론자가 되는 것은 그 때문입니다.

잘 들어보면 어떤 종교나 훌륭한 말을 하고 있습니다. 그리고 어떤 종교에도 기적은 일어나고 있고, 어떤 종교의 독실한 신자도 그와 유사한 불가사의한 체험을 하고 있습니다. 그런 일이 없다면 누가 계속 신자로 남겠습니까?

하지만 머피 이론은 어떤 종교도 모두 옳다고 말합니다. '모든 종교가 결국 인간을 잠재의식에 이르도록 만드는 길이다'라고 생각합니다.

가톨릭에 들어가 기적을 체험한 사람도 있고 마호메트교, 불교, 아프리카 토속신앙, 미국 신흥종교에도 있습니다. 그것은 엄연한 사실이며 누구나 인정할 수밖에 없습니다.

따라서 다른 종교를 사이비 종교니 사기집단이니 하며 무조건 비난하거나 공격해서는 안 된다고 저는 생각합니다. 사람이란 기호도 각기 다르고 자신이 믿고 싶은 종교, 종파를 선택하면 됩니다. 어떤 종교의 가르침도 깊게 믿을 수만 있다면 기적도 일어나고 구원도 얻을 수 있습니다.

종교는 잠재의식으로 접근하는 하나의 방법일 뿐입니다.

이 세상 사람 모두가
잠재의식이 기적을 일으킨다는 것을 알게 된다면
종교 다툼은 일어나지 않을 것입니다.

감사하는 마음은
신념을 변화시킨다

  자신의 소망을 상상하는데 그 소망이 실현되었다는 느낌이 든다면, 그 소망은 빠르든 늦든 반드시 현실화된다는 것이 잠재의식의 기본 진리입니다. 그런데 정말 소망이 이루어진다면 기분이 어떨까요? '정말 감사하다'는 마음이 들겠지요.

  그러므로 소원을 머릿속에 생생하게 그리고, 그것은 어차피 이루어질 것이다, 아니 이미 이뤄졌다고 느끼고 감사하는 마음을 갖는 게 중요합니다. 그런 다음 그 일은 잠시 잊으세요. 그러면 또다시 기도하고 싶은 기분이 들 것입니다. 그러다 보면, 어느 순간 문득 당신의 소망이 이루어졌다는 것을 깨닫게 됩니다.

모기업에서 비서로 일하는 유능한 여성이 있었습니다. 비혼주의자가 아니었음에도 결혼 상대를 찾지 못해 어느새 노처녀가 되어 가고 있었습니다. 그녀는 우연히 머피 이론을 알게 되어 몸소 실천해 보기로 결심했습니다.

그녀의 소원은 착한 남자와 결혼해 유럽으로 신혼여행을 가는 것이었습니다. 그녀는 그 소원이 이미 실현된 상황을 상상했습니다. 머피 이론을 소개해 준 친구에게 감사 편지를 쓰는 장면도 상상했습니다.

그렇게 행복한 자신의 모습을 생생하게 상상하는 동안 정말 꿈이 실현되었다고 느껴지는 순간이 찾아왔습니다. 그러자 그녀는 머피 이론을 가르쳐준 친구에게 감사의 메일을 보내고 싶은 생각이 간절해졌습니다. 이뤄진 소망을 상상하던 중 감사하는 마음이 생겼다는 건 그 소망이 잠재의식에게 정확히 넘겨졌다는 증거입니다.

얼마 후, 그녀는 실제로 멋지고 유능한 변호사와 결혼하게 되었고, 파리의 한 호텔에서 친구에게 감사의 메일을 쓰고 있었습니다.

기도하는 중에 감사하는 마음이 생겼다면,
그 기도는 현실이 됩니다.

수시로 상상을 즐겨라

    머피의 이론에 익숙한 사람은 소망을 잠재의식에 인식시키는 데 그다지 오랜 시간이 걸리지 않으며 때로는 단 한 번의 기도로 성공하는 경우도 있습니다. 하지만 모두가 그렇게 되는 것은 아닙니다. 소망을 잠재의식에게 넘겨주는 데는 반복이 필요합니다.

    못을 박을 때의 일을 생각해보십시오. 딱딱한 통나무에 정확히 박아 넣기 위해서는 몇 번씩 탁탁 쳐야 합니다. 망치로 단 한 번에 못을 박을 수는 없습니다. 서두르지 않고 차분히 여러 번 쳐야 합니다. 잠재의식에 당신의 소망을 보내는 것도 마찬가지입니다.

당신이 집 문제로 고민하고 있다고 합시다. 그러면 우선 자신이 쾌적하게 살 집을 떠올리세요. 전원주택도 좋고 고급 아파트도 좋습니다. 자신이 그곳에서 여유롭게 생활하고 있는 기분 좋은 장면을 상상하고 행복한 기분에 빠집니다. 그런 다음 집 문제는 머릿속에서 완전히 지워버리고 눈앞에 주어진 일을 안심하고 처리하는 것입니다.

그리고 그날 저녁때든, 다음 날의 같은 때든 마찬가지로 쾌적한 집에서 살고 있는 자신을 상상하고 감사하는 마음에 잠겨보세요. 이 일을 날마다 되풀이하면 언젠가 상상이 정말 실현된 것처럼 실감나는 순간이 찾아옵니다.

잠재의식은 일단 소망을 받아들이면 반드시 실현시켜줍니다. 우주가 당신의 소망을 위해 느리기는 하지만 아주 착실하게 움직여주고 있습니다. 그러니 당신은 머지않아 실제로 반드시 안락하고 쾌적한 집에서 "나는 정말 행복해"라고 말하고 있을 것입니다.

소망을 잠재의식에 인식시키기 위해서는
매일매일 원하는 상상을 되풀이해야 합니다.

시공을 초월한 치유력

잠재의식도 세계를 창조한 마음도 하나입니다. 거기에는 시간도 공간도 없습니다. 당신을 통해 작용하는 것도, 다른 누구를 통해 작용하고 있는 것도 근본적으로는 같은 마음입니다.

미국 로스앤젤레스에서 사는 한 여성이 머피 박사의 강연을 들은 뒤, 뉴욕에서 관상동맥 혈전증으로 고생하는 어머니를 위해 다음과 같이 기도했습니다.

"병을 치유하는 힘은 지금 내 어머니가 계신 곳에 있습니다. 어머니의 몸 상태는 스크린에 비춰진 그림자처럼 그녀의 상념을 반영하는 것에 지나지 않습니다. 스크린 속의 영상을 바꾸려면 영화 필름을 바꿔야 됩니다. 이제 내 마음이 어머니의 영화 필름이 되겠습니다. 나는 마음속에 조화롭고 완전무결하게 건강한 영상을 비춥니다. 어머니의 몸과 그 몸의 모든 기관을 창조한 무한한 치유력이 어머니 몸의 모든 원자에 스며들었고, 평화의 강이 몸의 각 세포를 통해 구석구석 흘러갑니다. 의사는 만능의 지혜에 이끌려 어머니에게 최상의 치료를 합니다. 병이란 실재하지 않고 부조화 상태임을 잘 압니다. 나는 지금 사랑과 생명의 무한한 원리와 손을 잡습니다. 이미 조화와 건강과 평화가 어머니의 육체에 나타나고 있음을 알며, 또 그렇게 되기를 명령합니다."

그녀가 이 기도를 하루에 몇 번씩 반복하던 며칠 뒤 그녀의 어머니는 눈에 띄게 건강이 회복되었고 담당 의사조차 깜짝 놀랄 정도였습니다. 잠재의식은 딸의 의식하는 마음을 통해서 시간과 공간을 초월해 창조 활동을 일으켰고, 그것이 그녀 어머니의 육체를 통해 구현된 것입니다.

기도가 타인에게도 효험이 나타나는 경우는 현재까지도 정확한 설명이 불가능합니다. 하지만 머피의 이론으로는 이처럼 그 원리를 훌륭하게 설명할 수 있습니다.

잠재의식은 아주 먼곳에 있는 어머니의 병마저
치유시키는 기적을 일으킵니다.

당신이 그리는 마음의 설계도

주위를 찬찬히 둘러보세요. 의자도, 책상도, 만년필도, 텔레비전도, 그것이 완성되기 전에는 누군가의 머릿속에 있었습니다. 의자를 만든 사람은 먼저 그 의자를 머릿속으로 그렸기에 만들 수 있었습니다. 텔레비전도 맨 먼저 설계하는 사람이 있었기에 만들어졌습니다. 또 텔레비전을 만드는 공장 시스템도 자신의 생각을 구체화시킨 사람이 있었기에 가능했습니다. 우리 주변의 모든 것은 존재하기 전 누군가가 먼저 그것을 생각한 것입니다.

당신도 존재하고 있습니다. 지금의 당신도 바로 당신이 만들었습니다. 당신의 인생에 일어나는 모든 것은 당신이 마음속에 그런 것을 따라 만든 것에 지나지 않습니다. 만일 당신의 마음이 두려움, 불안, 결핍 등의 부정적인 마음으로 가득 차서 의기소침하고, 의심이 많고, 비뚤어지고, 냉소적이라면, 그와 똑같이 서서히 그리고 확실하게 당신의 잠재의식에 새겨집니다. 잠재의식에 새겨진 것은 반드시 실현되는 성질을 가지고 있으므로, 당신의 삶은 괴로움과 긴장이 가득하고 불안은 날로 늘어나며 모든 면에서 궁핍함을 느끼게 될 것입니다.

당신이 눈을 뜨고 있는 동안에는 스스로 자신의 인생 설계도를 그리고 있는 것과 같습니다. 당신이 생각하고 있는 것, 당신이 품고 있는 아이디어, 즉 당신이 받아들이고 있는 신념이나 마음속 깊은 밀실에서 되풀이되고 있는 상상의 장면, 이 모든 것들이 당신의 인생 설계도입니다. 당신은 순간순간 자신의 마음의 집을 짓고 있습니다.

새롭고 훌륭한 설계도를 만드세요. 바르게 앉아서 조용한 마음으로 당신이 그린 훌륭한 설계도를 잠재의식한테 보내세요. 잠재의식은 당신의 설계도를 받아들여 전부 실현시켜줄 것입니다. 성경에서도 '그 열매를 보고 나무를 안다'라고 말했습니다.

당신을 만든 것도 당신이고,
당신을 바꿀 수 있는 것도 당신입니다.

희망을 시각화하라

　잠재의식은 만능이지만, 당신이 의식하는 마음에 대해서는 백 퍼센트 수동적입니다. 그러므로 소망을 이루기 위해서는 그것을 잠재의식에 온전히 전달해주기만 하면 됩니다.

　어떻게 하면 소망을 잠재의식에 제대로 전달할 수 있을까요?

　그것은 소망을 시각화하는 것입니다. 소망이나 소원을 영상으로 만드는 것이지요. 머피 박사는 이 기술을 '마음의 영화법'이라고 부릅니다.

　머피 박사는 미국 중서부의 여러 주에서 강연을 가졌습니다.

그러는 동안 아예 중서부에 정착할 만한 곳을 정해 그곳을 중심으로 활동하고 싶다는 생각이 머리에서 떠나지 않았습니다.

어느 날 저녁, 그가 워싱턴 주 스포캔에 있는 한 호텔에 투숙했을 때였습니다. 소파에 누워 마음을 편안히 한 후, 많은 군중을 향해 '나는 여기에 온 것을 매우 기쁘게 생각합니다. 나는 이러한 기회가 오기를 기다렸습니다'라고 말하는 광경을 상상했습니다.

마음의 눈으로 많은 군중을 그리며 그것이 전부 실제로 존재하는 것처럼 느꼈습니다. 그리고 그 느낌이 잠재의식으로 들어가 현실 세계에 구체적으로 나타나게 될 것을 실감했습니다.

다음날 아침 머피 박사가 눈을 떴을 때는 뭐라고 표현할 수 없는 평화로움과 만족감을 맛보았습니다.

며칠 후 그는 한 통의 전보를 받았습니다. 그것은 마음의 영화에서 묘사한 그대로 중서부에 계속 머무를 수 있는 활동 장소를 제공하겠다는 내용의 전보였습니다. 머피 박사는 그 제안을 받아들여 미국 중서부에서 일하게 되었습니다.

잠재의식에 소망을 심어넣기 위해서는
소망을 그림으로 심는 것이 가장 효과적입니다.

당신만의 자장가를 만들어라

프랑스 루소 연구소의 교수이자 뉴 낸시 치료학교의 연구 소장이었던 보두앵은 훌륭한 심리치료사였습니다. 그가 밝혀낸 보두앵 치료법의 비결은 소망을 간단한 말로 요약해 자장가처럼 되풀이하라는 것입니다.

그는 현재의식의 활동이 최소한이 되는 유사 수면상태, 즉 꾸벅꾸벅 졸음이 오는 상태를 만들고, 그런 다음 조용히 수용하는 태도로 소망을 생각하라고 권하고 있습니다. 이것이 바로 잠재의식에 소망을 보내는 최고의 방법이라고 믿은 것이지요.

보두앵 치료법은 실제로 뛰어난 성과를 올리고 있습니다.

몇 년 전, 로스앤젤레스에서 사는 한 여자가 유산상속에 관련해 불쾌한 소송에 휘말렸습니다. 남편이 그녀에게 전 재산을 물려주었는데 남편의 전처 아들과 딸들이 유언 무효 소송을 제기한 것입니다. 상황이 그녀에게 유리한 것만은 아니었습니다.

그녀는 보두앵 치료법에 따라 먼저 흔들의자에 편안히 앉았습니다. 졸음이 왔을 때 소원을 여섯 개 낱말로 간추려서 자장가처럼 되풀이했습니다. 그녀가 되풀이한 말은 "신의 질서에 따라 이 일은 벌써 다 끝났다"라는 것이었습니다.

치료법을 계속한 지 10일쯤 되던 어느 날 밤, 마음속에 평화로움이 깃들더니 전신에 고요함이 널리 퍼지는 느낌이 들었습니다. 그리고 평소처럼 잠에 빠졌습니다. 이튿날 아침 눈을 떴을 때 그 일은 이미 끝났다는 확신이 섰습니다.

그런데 바로 그날 그녀의 변호사로부터 상대 쪽에서 협의를 원한다며 전해왔습니다. 그리고 소송은 취하되었습니다. 그녀의 잠재의식을 통해 작동한 무한한 지성이 조화의 원칙을 통해 원만한 해결을 가져온 것입니다.

소망을 짧은 문장으로 만들어 자장가처럼 되뇌세요.
어느 날 소망이 현실이 되는 순간이 찾아옵니다.

감사하는 마음 5분으로
사장이 된 사람

성 바울은 성경에서 "감사하는 마음을 가지고 우리의 바람을 제시하라"고 말하고 있습니다. 감사하는 마음은 우주의 창조력에 가까워서 잠재의식을 움직이기 쉽고, 많은 은혜가 감사하는 마음을 가진 사람에게 흘러가기 때문입니다. 그런데 여기서 주목할 점은 은혜를 입고서 감사하는 것이 아니라 은혜가 구체적인 형태로 나타나기 전에 감사해야 한다는 점입니다.

블로크 씨의 경우를 보면 잘 알 수 있습니다.

그는 실직 상태인 데다 아이가 셋이나 되어 가진 돈이 점점 바닥을 드러내고 있었습니다. 이때 '감사하는 법'을 배웠던 그는 뭔가 마음을 끄는 것이 있어 실천해보기로 했습니다.

그는 약 3주일 동안 규칙적으로 매일 아침과 밤에 편안한 마음 상태에서 "신이시여, 저에게 부를 주심에 감사드립니다"라고 기도했습니다.

그러던 중 감사하는 마음이 가슴을 가득 채우기 시작했습니다. 그리고 걱정, 두려움, 가난, 고난 따위의 어두운 생각이 마음에 들어오면 재빨리 "신이시여, 감사합니다"라고 몇 번씩 연속으로 복창하여 어두운 기분이 마음 안에 들어오지 못하게 했고, 평화로운 기분이 되도록 노력하게 되었습니다. 또한 감사하는 마음이 전능한 우주의 지성에 도달한다는 것도 믿었습니다.

그런데 실제로 감사해야 할 멋진 일이 일어났습니다.

기도한 지 약 3주일 후, 20년 동안 한 번도 만나지 못했던 옛 직장의 사장을 우연히 만나게 되었습니다. 그의 성실성을 알고 있던 사장은 그에게 좋은 일거리를 제공해주었을 뿐 아니라, 임금도 가불해주었습니다. 그리고 지금 블로크 씨는 그 회사의 부사장으로 재직하고 있습니다.

늘 감사하며 사는 마음이
우주로부터 부를 끌어당기는 최고의 힘입니다.

긍정적 사고가 기적을 부른다

수학 문제의 정답은 보통 한 개지만 오답은 무수합니다. 하나의 정답에 오답이 무수하다는 것은, 수학의 원리는 있지만 오류의 원리는 없음을 나타냅니다. 진리의 원리는 있어도 허위의 원리는 없고, 지성의 원리는 있어도 무지의 원리는 없습니다.

건강도 하나밖에 없는데 질병이 수없이 많은 것은, 수학의 정답은 하나밖에 없는데 오답은 무수히 많은 것과 같습니다.

건강은 진리입니다. 잠재의식은 원래 건강을 지향하고 있기에 건강을 긍정하는 기도만으로도 기적을 일으키는 경우가 종종 있습니다.

머피 박사의 누이동생인 캐서린 여사가 영국에서 담석 제거 수술을 받게 되었습니다. 병원에서 엑스레이 등 여러 가지 검사를 한 결과 수술밖에 방법이 없다는 진단을 내린 것입니다.

그때 지리적으로 6천5백 마일이나 떨어진 곳에 있던 머피 박사는, 누이동생이 앓고 있는 병의 증상 같은 구체적인 일을 생각하는 것을 멈추고, 잠재의식의 원리를 긍정하는 기도를 수백 번 드렸습니다.

"캐서린은 지금 편안하게 쉬면서 맑고 온화한 기분을 느끼고 있습니다. 그녀의 육체를 창조한 잠재의식의 치유력을 갖춘 지성은, 이제 그녀의 잠재의식 속에 놓여 있는 전 기관을 완전한 형태에 따라 그녀 몸의 모든 세포, 신경, 조직 및 뼈를 바꾸고 있습니다. 그녀의 잠재의식에 있는 뒤틀린 생각은 소리 없이 조용히 소멸되어, 생명의 원리에서 나오는 활력과 건강과 아름다움이 그녀의 몸속에 있는 모든 원자에 나타나기 시작했습니다."

기도를 시작하고 2주일 후 검사 결과, 그녀는 완전히 치유되었고, 더는 수술이 필요 없게 되었습니다.

소망하는 일을 명확하게 긍정하면
긍정한 대로 기적이 일어납니다.

건강은 진리이다

미개인이나 아주 유치한 사람을 믿게 하려면 그다지 많은 이유를 설명할 필요가 없습니다. 하지만 현대과학을 아는 사람은 이치에 맞지 않으면 믿으려 하지 않습니다.

이 점에 주목해 큰 효과를 거둔 사람이 정신요법의 개척자 중한 사람인 미국의 큄비(Phineas Quimby) 박사입니다. 그가 사용한 방법은 지적인 환자를 치료할 때는, 먼저 그 환자의 잠재의식에 관해 철저하게 논쟁해서 잠재의식의 본질을 환자가 납득하도록 만드는 것이었습니다. 그런 다음 기도에 관해 지도했습니다.

그는 환자에게 모든 치유의 기초는 신념을 바꾸는 데 있다고 말했습니다. 잠재의식은 사람의 육체와 모든 기관을 창조했으므로 치유하는 방법도 알고 있고, 지금 이렇게 이야기하고 있는 동안에도 치유하고 있다는 것도 알려주었습니다. 내재된 치유력은 최초에 우리의 모든 기관을 창조했고, 그 속의 모든 세포, 신경, 조직의 완전한 형태를 가지고 있기에, 건강한 모습이 우리의 진정한 모습이자 유일한 원리임을 증명했습니다. 또 질병이란 병으로 가득 찬 건강하지 못한 마음의 그림자라고 말했습니다.

이렇게 하면 자연과학만 신뢰하던 환자가 우주의 진리에 대해서 새롭게 눈을 뜨게 되고, 자신이 믿고 기도하는 일도 과학에 위배되는 미신이 아님을 납득하게 됩니다. 또 낡은 사고방식에서도 해방됩니다. 치료자의 믿음이 환자의 체험 속에서 부활하게 됩니다.

이렇게 해서 큄비 박사는 보행이 불가능했던 노인을 갑자기 일어나 걷게 하는 등 그리스도와 같은 치유의 힘을 보여주었던 것입니다.

건강한 모습이 우리의 진짜 모습이며,
병은 우리 마음이 건강하지 못한 증거입니다.
부정적인 마음을 버리고 잠재의식의 힘을 믿을 때,
비로소 진정한 치유가 시작됩니다.

명령은 자연스럽게

우리는 만능의 잠재의식이 내편임을 깨달았을 때 소망을 간단히 말로 표현하는 것만으로 충분한 경우가 있습니다.

한 여성이 수시로 전화해서 만나달라고 조르거나 심지어 직장까지 찾아오는 청년 때문에 몹시 괴로워하고 있었습니다. 그를 단념시킨다는 건 너무도 어려운 일이었습니다. 그러나 그녀는 다행히 머피 박사의 말을 듣고 잠재의식에게 다음과 같이 명령했습니다.

"나는 그 청년을 신을 향하여 해방시켜주겠습니다. 그는 언제나 그가 있어야 할 곳에 있습니다. 나도 자유롭고 그도 자유롭습니다. 나는 지금 나의 말이 무한한 정신 속에 들어가 그것을 실현해줄 것을 명령합니다."

이 명령을 잠재의식에게 되풀이해서 들려주자 청년은 두 번 다시 그녀 앞에 나타나지 않게 되었습니다. 그녀는 그때의 일을 "마치 대지가 그를 삼켜버린 것 같았다"고 말했습니다.

명령이나 단정을 내릴 때는 너무 애쓸 필요가 없습니다. 힘으로 할 수 있는 것이 아니므로 억지로 애쓴다든가 갈등을 일으키는 건 바람직하지 않아요. 아주 자연스럽게 잠재의식에게 명령하세요. 마치 고급 레스토랑의 웨이터에게 "와인을 달라"고 말할 때처럼 당연히 자신의 말대로 이뤄진다는 전제하에서 주문하듯 말하세요.

예를 들어 감기에 걸렸을 때 "내일 아침 일어날 때까지 잠재의식이 내 감기를 꼭 낫게 해줍니다"라고만 말해도 깨끗이 낫는 경우가 있습니다. 잠재의식은 만능이지만 수동적이어서 명령을 해야만 듣기 때문입니다.

잠재의식에게 원하는 바를 단정지어서
당연하다는 듯 자연스럽게 명령해도 이뤄집니다.

'기도'의 다른 말은 '소망'이다

기도란 소망이고 소망한다는 것은 곧 기도를 의미합니다. 기도를 이루려면 우선 기도가 이미 이뤄진 상황을 눈앞에 선명하고 실감나게 그려야 합니다. 잠재의식은 이미지로 그린 기도에 대해서는 특히 민감해서 쉽게 받아들이기 때문입니다.

미국에 꼭 가고 싶어 하는 한 소년이 있었습니다. 그때는 지금처럼 외국 여행이 쉬울 때가 아니었고, 소년도 미국으로 갈 수단이나 방법을 전혀 모르고 있었습니다. 이런 경우에는 이런저런 궁리를 해봤자 마음만 지칠 뿐입니다.

머피의 이론은, 보통의 기도와는 반대로 먼저 기도가 실현되었다는 데서 시작됩니다. 저는 소년에게, "어떤 교통수단으로 미국에 가고 싶나?" 하고 물었습니다. 그는 "배가 좋겠죠. 교통비도 싸고 낭만이 있으니까요" 하고 대답했습니다. 그래서 저는 그에게 시간을 내서 항구로 나가 미국행 선박을 바라보고, 그 배에 실제로 자신이 타는 장면을 머릿속에 그리라고 말했습니다.

얼마쯤 지나자 소년은 위의 상황을 생생하게 상상할 수 있게 되었습니다. 그러자 미국으로 가기 위한 아이디어와 방법이 속속 떠오르기 시작했습니다. 그는 머릿속에 떠오르는 아이디어를 거침없이 실천에 옮겼습니다. 그리고 그것이 그에게 길을 열어준 계기가 되었습니다. 그는 미국으로 건너가 어린 시절부터 지녔던 꿈을 이뤄나갔습니다.

지금 간절히 원하고 소망하는 것이 있습니까? 그렇다면 처음부터 이런저런 방법을 찾느라 신경을 소모하기보다는, 우선 소원이 실현된 상황을 머릿속에 그려놓고 그것이 이루어졌을 때의 기쁨을 미리 느끼고 경험하세요. 그런 다음 당신은 그저 좋은 아이디어라든가 기회가 나타나기만을 기다리면 됩니다.

소망을 다른 말로 하면 기도입니다.
기도가 이뤄진 것으로 생각하고 마음에 그리세요.

소망을 소설과 영화에
연결시켜라

　당신이 진실로 원하는 게 무엇입니까? 그것이 확실하지 않다면 기도할 필요가 없습니다. 그런데 상담을 해보면 자신이 무엇을 원하고 있는지 확실히 표현할 수 있는 사람이 별로 없습니다. 그저 막연히 행복이나 부, 명성 등을 원합니다. 하지만 막연한 소망은 실현 가능성도 그만큼 희박합니다.

　그래서 저는 마음속으로 소망을 그리는 방법 하나로 소설이나 영화를 이용하라고 권합니다. 소설이나 영화 속의 생생한 장면을 빌려오는 것입니다.

저는 십여 년 전 미국 소설에서 여주인공이 증기선을 타고 대서양을 횡단하는 장면을 읽었습니다. 아직 비행기가 여행객을 태우지 않았던 2차 세계대전 때의 일이어서인지 참으로 낭만적으로 느껴졌고, 나도 그런 배를 타고 여행하고 싶었습니다. 저는 그 정경을 소설 속의 주인공과 저를 바꿔 상상했습니다. 하지만 당시에는 동양인이 호화 여객선을 타고 대서양을 여행한다는 건 드문 일이었고, 아무리 생각해도 기회가 올 것 같지 않았습니다.

저는 그 꿈을 이룰 궁리는 멈추고, 대신 쾌적한 여객선을 타고 여행하는 장면을 상상했습니다. 그러다가 신기하게도 세계 최고 속의 호화 여객선을 타고 뉴욕에서부터 유럽 대륙으로 여행할 기회를 얻게 되었습니다. 그것은 참으로 멋진 일이었습니다.

하루 두 번의 풀코스 식사에, 아침 식사도 네다섯 차례나 코스가 이어졌습니다. 그리고 오후에는 교향악단이 연주하는 티파티가 열렸고, 저녁에는 멋진 디너파티가 열렸으며, 배 안에 있는 수영장에서 수영도 할 수 있었습니다. 동양인이라고는 저 한 사람뿐이었지만 모두들 친절했고 소설에서 읽었던 것보다도 훨씬 더 쾌적하고 멋진 여행이었습니다.

당신이 원하고 소망하는 일을
소설과 영화 속에서 발견하는 것도 좋습니다.

영화 한 편에서 10억을 찾아라

옛날에는 사람들이 목표를 세우기란 쉽지 않았습니다. 자신의 생활권 너머를 엿볼 수 없었기 때문이지요.

하지만 영국인 작가 웰즈(H. G. Wells)는 어릴 때 어머니가 상류층 집에서 가정부로 있었기에 상류생활을 엿볼 수 있었고, 자신도 그렇게 살고 싶어 했기에 그 꿈을 이룰 수 있었습니다. 그가 상류사회를 엿볼 기회가 없었다면 목표를 구체적으로 세우지 못했을 것입니다.

현대인의 생활이 날로 향상되는 원인도 다양한 미디어로 타인의 생활을 보면서 발전욕구에 자극을 받기 때문이 아닐까요.

특히 영화는 어두운 곳에서 상영되는 데다 중간에 광고도 끼어들지 않고 완결된 세계를 제공해주기 때문에, 목적을 가진 사람에게는 매우 효과적인 이미지 제공자인 셈입니다. 가령 영화 〈마이 페어 레이디〉를 본다고 합시다. 내용 자체만으로도 아름다운 이야기이지만, 가난한 소녀가 그 영화를 보고 나서 자신도 세련된 여자가 되어야겠다고 결심했다면 어떨까요?

영화 주인공인 '일라이자'가 신분상승의 꿈을 이루게 된 요인은 '바른 언어 구사'였습니다. 한 가난한 소녀가 영화를 본 후, 주인공처럼 품위 있는 말을 배우고 예절 바르게 행동하는 법을 배운다면 훌륭한 배우자도 얼마든지 만날 수 있지 않을까요.

저는 그 영화를 보고 남자 주인공인 히긴즈 교수처럼 꿈을 이룬 젊은 학자를 알고 있습니다. 그는 그 영화를 보고 멋진 서재를 가진 히긴즈 교수처럼 되겠다는 뜻을 세운 뒤 학업에 몰두했습니다. 그는 믿기 어려운 난관과 시련에도 굴복하지 않고 영화에서처럼 책장이 천장까지 닿는 서재에서 공부하는 모습을 머릿속으로 생생하게 그렸습니다. 이미 영화에서 본 것이라서 머릿속으로 그 광경을 상상하기가 훨씬 쉬웠다고 합니다.

영화는 그 자체가 하나의 세계를 제공해주기에
소망을 구체화하는 데 큰 도움이 됩니다.

배탈을 고친 입 냄새 제거제

단세포 동물은 기관을 가지고 있지 않지만 운동, 영양 흡수, 동화작용, 배설 따위를 합니다. 거기에는 그런 행위를 일으키게 하는 정신적 작용과 반작용이 있다는 증거를 볼 수 있습니다.

또 인간의 눈, 귀, 심장, 간, 방광, 세포 조직을 보면, 집단적 지성을 가진 세포로 성립되어 있고, 그 집단의 지성에 의해 서로 협력하며 의식하는 마음의 명령으로 움직이는 걸 알 수 있습니다.

하나하나의 세포와 기관은 착실하게 활동하는 지성의 지배하에 있어 방치해두어도 문제가 없습니다. 다만 문제는 의식하는 마음이 끊임없이 외형에 사로잡혀 오관을 자극하거나, 잘못된 신념으로 두려움을 끌어들여 혼란시킨다는 것입니다. 두려움, 잘 못된 신념, 부정적 사고가 잠재의식에 들어오면, 수동적인 잠재 의식은 자신에게 주어진 설계도대로 실행할 수밖에 없습니다.

민감한 사람은 어떤 음식을 먹은 뒤 '혹시 배탈 나지 않을까?' 생각만 해도 설사를 하는 예가 있습니다. 부정적인 생각은 잠재 의식을 혼란스럽게 만듭니다. 질투, 두려움, 근심, 불안 따위의 부정적인 감정이 신경과 내분비선을 비정상으로 만들어버립니다.

제가 아는 사람 중에는 생선회만 먹으면 배탈이 나는 사람이 있었습니다. 그래도 회를 좋아해서 곧잘 먹었고, 먹은 뒤에는 반드시 약을 먹었습니다. 언젠가 저는 그와 함께 생선회를 먹게 되었습니다. "나도 생선회를 먹으면 배탈이 나서 약을 먹는다"라고 말하고, 독일제 약을 먹은 뒤 그에게도 주었습니다.

다음 날 그는 약을 먹고는 전혀 탈이 없었다고 말했습니다. 그러나 사실 그 약은 배탈을 막는 약이 아니라 입 냄새 제거제였습니다. 위장을 보호하는 약도, 배탈에 좋은 약도 아니었습니다. '병은 마음에서 온다'는 말은, 이처럼 잠재의식이 걱정하는 마음(현재의식)에 지배되어 발생하는 상태를 말합니다.

내버려두어도 몸을 보살펴주는 지성이 있는 한편,
그것을 계속 방해하는 의식도 있습니다.

당신의 몸은
1년마다 바뀌고 있다

인간의 세포는 끊임없이 바뀌고 있습니다. 의학에 의하면, 사람의 몸은 11개월마다 완전히 재생된다고 합니다. 그러므로 육체적으로 보면 당신도 생후 11개월에 불과하며, 11개월 후에는 새롭게 '부활'하는 셈입니다. 걱정, 질투 따위로 신체 균형이 망가지거나 병에 걸린다면 그것은 의식하는 마음의 책임입니다.

머피 박사는 척추결핵에 걸린 인디애나폴리스에 사는 소년 앤드류의 예를 들고 있습니다.

소년은 의사에게 불치병이라는 선고를 받았지만, 하루에 몇 번씩 "나는 건강하고 강하며 애정이 있고 조화롭고 행복하다"라고 긍정적인 기도를 되풀이했습니다. 그리고 그 기도는 소년이 밤에 잠들 때 마지막으로 입에 담는 말이자, 아침에 눈을 떴을 때 하는 최초의 말이었습니다.

소년은 자신의 마음속을 사랑과 건강으로 채우고, 타인을 위해서도 기도했습니다. 병에 대한 두려움과 미움, 또는 건강한 사람에 대한 시기와 질투심이 떠올랐을 때, 소년은 그 즉시 마음속에서 그 생각을 지우고 사랑과 건강에 대한 생각으로 마음을 채워넣었습니다.

마침내 소년의 몸을 만든 만능의 잠재의식이 매일 반복해서 기도하는 그의 정성에 응답을 보내주었습니다. 의식하는 마음이 만든 설계도에 따라 소년의 몸을 고쳐준 것입니다.

이렇게 해서 곱사등이인 데다 다리도 부자유스러웠던 소년은, 튼튼하고 자세도 바른 균형 잡힌 청년이 되었습니다.

이것이야말로 성경에 쓰인 '너의 믿음이 너를 낫게 했느니라' 하는 말과 같은 뜻이 아니고 무엇이겠습니까.

우리 몸의 세포는
11개월에 한 번씩 완전히 재생됩니다.
당신은 생각을 바꿈으로써
1년 안에 몸 상태를 새롭게 바꿀 수 있습니다.

조화의 원리는
선천적으로 내재한다

　한 청년이 지독한 눈병에 걸려 병원에서 수술을 받아야 한다
는 진단을 받았습니다.

　그동안 머피 박사의 강연을 들어 왔던 청년은, 어느 날 박사의
이야기를 듣다가 문득 뇌리에 강하게 스치는 것이 있었습니다.
'나의 잠재의식이 내 눈을 만들었으니 눈병도 고칠 수 있을 것이
다'라고 생각하게 된 것입니다.

　청년은 매일 밤 잠들기 전에 편안하고 나른한 상태가 되었을
때, 의사가 자신의 눈을 들여다보며 "기적이 일어났다!"라고 말
하는 것을 상상했습니다. 같은 상상을 매일 밤 약 5분씩 계속했

습니다.

3주일이 지난 후, 그는 안과 의사를 찾아갔습니다. 그런데 의사는 청년의 눈을 진찰한 뒤 그를 향해 "이건 기적이야!" 하고 소리치는 것이 아니겠습니까. 청년의 눈이 정말 기적적으로 완치되었습니다. 이것은 어떻게 된 일일까요?

그의 잠재의식이 그의 눈을 만든 것입니다. 잠재의식 안에는 완전한 원형이 존재합니다. 그가 한 일은 잠재의식으로 하여금 원형으로 작용하도록 만들었을 뿐입니다. 그는 잠재의식에 '그림'을 보내서 그것을 각인시키려고 했습니다. 반복과 신념과 기대로, 자신의 의사가 "이것은 기적이다!"라고 말하는 정경을 그림으로 만들어 보냈고, 잠재의식이 그 소리를 반복해서 들었던 것이지요.

잠재의식은 특히 그림으로 만들어 보낸 기도에 더 쉽게 반응합니다. 본래 잠재의식 속에는 선천적인 조화의 원리가 내재하고 있기 때문에, 건강이 정상적인 것이고, 그래서 정상으로 회복시켜 놓은 것입니다.

건강이 정상이고 질병이 이상한 것입니다.
선천적으로 내재된 조화의 원리를 작용시키면
병은 반드시 치유됩니다.

쉽게 기도하라

소원을 이루고 싶다면 어떻게 하면 좋을지 고민하거나 지나치게 신경 써서는 안 됩니다. 반대하는 사람이나 부정하는 사람도 떠올리지 말고 의지력을 사용하지도 마세요. 아주 자연스럽게 그저 아이처럼 무작정 믿어야 합니다.

어떤 집에 중앙난방이 고장 나서 보일러 수리비로 2백 달러가 청구되었습니다. 집주인이 "어디가 고장 났습니까?" 하고 물었습니다. 수리공이 "볼트 하나가 문제였네요" 하고 말했습니다. 집주인이 "겨우 볼트 하나에 2백 달러라니 너무 비싸지 않소?"라고 불평했습니다. 그러자 수리공이 대꾸했습니다.

"나는 볼트 값으로 5센트를 청구했습니다. 나머지 199달러 95센트는 고장 난 부분을 찾는 데 들인 비용입니다."

잠재의식은 보일러 기술자 이상으로 신체의 모든 기관의 이상을 찾아내고 그것을 고치는 방법을 알고 있습니다. 하지만 수리비는 필요 없습니다. 당신이 기술자에게 고장 난 부분을 자세히 말할 필요도 없고, 고치는 방법에 관해 이것저것 마음 쓸 필요도 없습니다. 당신은 최고 기술자를 데리고 있는 것과 같습니다. 마지막 결과를 확인하는 것으로 충분합니다. 중요한 것은 편안한 마음을 갖는 것입니다. 숙련된 기술자라도 고치는 과정에서 집주인에게 이런저런 지시를 받거나 잔소리를 듣는다면 일이 잘 안 되게 마련입니다. 마찬가지로 잠재의식도 세세한 일을 신경 쓰거나 걱정하면 제대로 활동할 수 없습니다.

당신의 문제가 건강이든, 돈이든, 직장이든, 그 문제가 잘 해결된 것을 실감하기만 하면 됩니다. 이것이 잠재의식에게 완전히 맡긴 증거입니다. 느끼세요. 당신의 소망이 이미 이뤄졌다고 느끼고, 그저 마음을 편안하고 느긋하게 가지면 되는 것입니다.

너무 애써 기도하지는 마세요.
당연히 이뤄진다고 믿고 기다리면
잠재의식이 알아서 움직여줍니다.

자신의 능력보다
열 배의 월급을 받는 중역

"부자가 되는 유일한 방법은 땀 흘리며 열심히 일하는 것밖에 없다"는 말은 전적으로 믿을 만한 이야기는 아닙니다.

당신 주변에도 일주일에 몇 시간만 일하고도 많은 돈을 버는 사람이 있을 것입니다. 사실 열심히 일하지 않아도 돈이 굴러 들어오게 하는 것이 가장 좋은 방법입니다. 자신이 원하는 일을 하면서, 게다가 그 일이 즐겁고 재미있는데 돈도 척척 들어온다면 이만큼 이상적인 삶이 또 있을까요.

머피 박사의 친구 중에는 연봉으로 50만 달러 이상을 받는 사람이 있습니다. 그는 로스앤젤레스에 있는 회사의 중역으로, 작년에도 배를 타고 세계일주를 하고 왔습니다.

그의 말에 따르면, 같은 회사에 다니는 주급 500달러를 받는 사람들 대부분이 일도 자신보다 더 잘 알고 관리도 더 잘하지만, 잠재의식의 경이로움을 몰라서 좋은 아이디어를 사용하지 못한다고 합니다. 반면에 그는 '나는 고액연봉을 받고, 세계여행도 다닐만한 가치가 있는 사람이다'라는 생각을 잠재의식 안에 불어넣는다고 합니다.

잠재의식은 각인된 생각은 반드시 실현해 보이는 힘을 가지고 있습니다. 마음속 깊이 자신이 풍요로운 사람이라는 믿음이 있으면 당연스럽게 당신을 풍요로운 사람으로 만듭니다. 말해 '나는 부자다'라는 의식이 또다시 부를 끌어당기는 것이지요.

부를 쌓고 싶다면 당신이 부자라는 의식을 더욱 발전시켜 나가세요. 잊지 마세요. 애쓰지 않고도 부유해질 수 있습니다. 당신은 지나치게 분투할 필요도 노예처럼 일할 필요도 없습니다.

번영, 부, 성공 등의 긍정적인 생각을
잠재의식 속에 저축하세요.
그러면 잠재의식은 당신에게
복리 이자를 붙여 돌려줄 것입니다.

현재 진행형으로 말하라

"나는 몇 주간, 혹은 몇 개월 동안 '나는 부자다. 나는 풍요로워지고 있다'고 말했는데 아무 일도 일어나지 않았어요"라고 말한 사람도 있고, 또 "나는 지칠 때까지 '나는 풍요로워지고 있다'는 긍정적인 말을 되뇌었지만 상황은 더 나빠졌어요"라고 말하는 사람도 있습니다. 이것은 어찌된 일일까요?

그러나 이들을 자세히 살펴보면 하나같이 마음속으로는 자신이 거짓말하는 것처럼 느낀다는 것을 알았습니다. 다시 말하지만 잠재의식은 그 사람의 본심밖에 받아들이지 않습니다.

입으로는 "나는 억만 장자다"라고 말하면서도 마음속으로는

'하지만 나는 가난해'라고 생각했다면, 잠재의식은 입으로 말한 쪽이 아니라 마음으로 생각한 쪽을 실현시킵니다. 그러니 자나 깨나 "나는 풍요로워지고 있다"는 말을 반복하고 또 반복해도, 실제로는 더욱더 풍요와는 거리가 멀어지는 일이 생길 수밖에 없습니다.

그렇다면 어떻게 해야 좋을까요?

무엇보다 마음속으로 절대 거짓말을 해서는 안 됩니다. 그래도 거짓말한다는 느낌이 자꾸 든다면 현재 진행형을 사용해 말하는 방법이 있습니다. 가령 경제적으로 빈곤한 상태이고, 일도 잘 안 되고 있는데 "나는 부자가 되고 있다", "나는 발전하고 있다"고 말하는 것은 거짓말이 됩니다. 하지만 "낮이나 밤이나 나와 관계있는 모든 분야에서 나는 발전되려 하고 있다"고 말하면 장래의 일이니까 거짓말한다는 기분이 들지 않게 됩니다.

이와 같이 진행형의 말을 마음이 평온할 때나 밤에 잠자기 전, 혹은 아침에 눈을 떴을 때, 힘을 빼고 느긋한 기분으로 되풀이하세요. 그 말을 잠재의식도 저항 없이 받아들여줄 것입니다.

"나는 부자다"는 말이 거짓말처럼 느껴진다면
"나는 점점 부자가 되어 가고 있다"고
현재진행형으로 말하는 것이 좋습니다.

어려울수록 침착하라

판매 부진으로 회사 재무상태가 악화되자 몹시 시름에 빠진 사업가가 있었습니다. 머피 박사가 그에게 회사에 가서 의자에 편안하게 앉아, "판매는 매일 호전되어 간다"는 말을 조용히 몇 번이고 몇 번이고 되풀이해보라고 권했습니다.

그 사업가는 박사가 말한 그대로 실천에 옮겼습니다. 그런데 놀랍게도 그토록 간단한 말이 의식하는 마음과 잠재의식을 서로 협력하도록 만들었습니다. 갖가지 새로운 아이디어가 떠오르고 행운이 겹치는 등, 기도한 대로 좋은 일들이 일어난 것입니다.

'그렇게 간단한 기도로 일이 잘 풀린다면야 사는 게 힘들 일 뭐

있겠어?!'라고 의심하는 사람이 있습니다. 그런 사람이 많기 때문에 세상에는 힘들게 사는 사람이 많은 것입니다.

당신은 실제로 나날이 발전하는 사람과 직접 만나 이야기해본 적이 있습니까? 그들은 공통적으로 아주 간단한 기도 방법을 알고 있습니다. 그리고 항상 '내가 하는 일은 잘 풀리게 되어 있다'라고 생각합니다.

그들은 어려운 일에 부딪쳐도 마음의 안정을 잃지 않습니다. 결국 자신과 관계된 일은 전부 잘된다고 하는 깊은 신념이 있기 때문에, 끊임없이 더 멋진 생각이 떠오르고 운 좋은 일이 계속해서 일어나는 것이지요.

이에 반해 성공하지 못하는 사람은 쉽게 흥분합니다. 태도에 나타나지 않아도 마음속이 늘 혼란스러워 쉽게 어두운 방향으로 상상의 날개를 폅니다. 그때 잠재의식은 분별없이 어두운 느낌을 그대로 받아들이고 맙니다. 그렇게 되면 그 사람에게는 실제로 걱정했던 일이 일어나게 되는 것입니다.

어려운 일이 닥쳤을 때 발버둥치기보다는
마음을 편히 갖고 반드시 해결된다는 믿음을
잠재의식에 심어넣는 것이 좋습니다.

자신이 없을 땐
거짓말하지 마라

앞서 '입으로는 "나는 부자다"라고 말하면서도 실제로는 '나는 가난하다'는 느낌을 가지고 있다면, 마음속의 그 느낌이 잠재의식에 새겨질 수 있다. 그러니 현재진행형으로 "나는 부자가 되어가고 있다"고 말하는 것이 제일 안전하며 실현 가능성을 높여주는 길'이라고 말하였습니다.

같은 맥락에서 낱말을 반복해서 읊는 방법이 있습니다.

예를 들면, '부, 부유함, 풍요로움'과 같은 당신이 좋아하는 부에 관한 낱말이 좋습니다. 혹은 '성공, 성취' 등도 좋겠지요. 이러한 낱말은 우리가 보통은 잘 깨닫지 못하는 놀라운 힘을 가지고 있습니다.

이것은 곧 잠재의식 속에 내재된 힘을 나타내어주는 말이기 때문입니다. 당신은 자신 안에 있는 이 강력한 힘과 자신의 마음을 항상 연결해두지 않으면 안 됩니다. 그래야 그 낱말이 의미하는 밝고 긍정적인 상태와 환경이 당신 삶에 그대로 나타나게 됩니다.

'나는 부자다'라고 억지로 생각하라는 뜻이 아닙니다. 다만 그저 당신의 생각을 당신 안에 있는 진정한 힘에 매어두라는 뜻입니다.

'부'라는 것은 그 자체가 하나의 낱말에 불과하기 때문에 거짓말이 될 수 없고, 따라서 마음속에 아무런 갈등도 일지 않습니다. 부와 풍요로움 등을 생각하고 있으면 마음속 깊은 곳에서 풍요로운 감정이 솟아납니다. 이렇게만 되면 충분합니다.

잠재의식은 무엇이든 가능하게 하는 힘을 가지고 있습니다. 그렇기에 당신의 감정에 반드시 반응하여 실제로 당신에게 풍요로운 상황을 만들어줄 것입니다.

잠재의식에 부에 대한 감정을 심기 위해서는
부나 성공을 나타내는 말만 되풀이해도 충분합니다.

질투란 성공의 최대 적이다

많은 사람들을 가난하게 만드는 것 중 하나는 질투심입니다.

예를 들어, 은행에 많은 돈을 예금하는 사람을 보고 돈이 없는 사람은 질투심을 품을 수 있습니다. 하지만 질투심을 가지고 있는 한 그 사람은 풍족해질 수 없습니다. 잠재의식은 질투를 단순한 부정적인 감정으로 받아들이기 때문입니다. 타인의 부를 질투하는 것은 스스로 부에 대한 부정적인 감정을 갖는 것이고, 따라서 잠재의식도 부정하고 받아들이지 않습니다.

타인의 부를 질투하는 한 부는 당신에게 흘러들지 않고 오히려 흘러나갑니다.

저는 젊었을 때 가난한 사람들과 함께 일한 적이 있습니다. 세상에는 가난을 예찬하는 학자도 있지만, 제가 본 가난한 사람들의 지배적인 감정은 질투였습니다.

그들은 주변 사람 중에서 조금이라도 형편이 좋아진 사람이나 출세한 사람에게는 심하게 욕하고 질투합니다. 결국 가난한 사람들끼리는 서로 돕고 아름다운 선행도 하지만, 조금이라도 잘되는 사람을 보는 것은 참지 못하는 경우가 대부분이었습니다.

저는 그 후 중산층이나 부유층 사람들과도 알고 지내게 되었습니다. 부유한 사람들은 남에게 좋은 일이 일어나면 기뻐하고 축하해주는 사람이 많다는 것을 알게 되었습니다.

가난한 사람은 자신보다 불쌍한 사람들에 대한 동정심은 강하나 자신보다 형편이 좋아진 사람들에 대해서는 반감심이 강하며, 부유한 사람은 때로는 동정심은 많지 않지만 다른 사람의 성공도 함께 기뻐하는 경향이 많다고 할 수 있습니다.

당신이 동정심 많은 사람이 되는 것은 좋으나, 당신보다 나은 생활을 한다고 해서 반감을 가져서는 안 되겠습니다.

질투는 당신이 부유해지는 길을 가로막는
가장 큰 훼방꾼입니다.

타인의 부를
진심으로 축복하라

자신이 가난할 때나 생활이 어려울 때는 많은 돈을 가진 사람이나 무슨 일이건 잘 되어 가는 사람을 질투하는 것은 인지상정입니다. 하지만 질투는 부와 행운 그 자체에 대해 부정적인 감정을 갖는 것이어서, 그것이 잠재의식에 새겨지면 당신 자신을 부나 행운으로부터 멀리 떼어놓는 결과가 됩니다. 그럴 때는 어떻게 하면 좋을까요?

그 즉시 축복해줍시다. 누가 많은 돈을 벌었다고 할 때 시기심과 질투심이 앞서려고 하면, 곧 "그와 그의 부에 축복이 있으라" 하고 말하는 겁니다.

그 사람을 위해 진심으로 기뻐해주세요. 그러면 부와 행운에 대한 긍정적인 마음이 잠재의식에 받아들여지게 되고 결과적으로 당신에게도 부와 행운을 가져다줍니다.

하지만 축복만으로는 부족하다고 생각하는 사람은 덧붙여 자신을 위해 기도해도 좋습니다.

"그가 큰 부를 얻었다고 한다. 그와 그 부에 축복이 있으라. 그리고 나에게도 행운이 곧 찾아올 것이다."

이렇게 말입니다.

주식으로 돈을 번 어떤 사람은 종종 "남도 좋아라. 나도 좋아라. 나는 남보다 조금 더 좋아라" 하고 기도했다고 합니다. 이 기도는 부정적인 말, 부정적인 생각이 조금도 섞여 있지 않으면서도 지극히 인간다운 마음입니다. 이러한 기도를 하는 사람이 일이 잘 되고 인생이 잘 풀리는 것은 당연한 결과라고 할 수 있겠습니다.

다른 사람의 행운을 진심으로 축복해주십시오. 그것은 자기 자신에게도 행운을 끌어들이는 일입니다.

타인의 부를 축복하는 것은
결국 자신에게 부를 불러들이는 일입니다.

진리를 거역하는
도덕은 불행을 낳는다

당신은 부자가 될 권리가 있습니다. 당신은 풍요로운 삶을 살고, 행복하고 자유스러운 삶을 살기 위해 이 세상에 태어났습니다. 그러므로 충만하고 행복하며 부유한 삶을 사는 데 필요한 돈은 충분히 가질 수 있습니다.

신(이해하기 쉽게 잠재의식을 '신'이라고 말해도 좋다)은 우주를 만들었습니다. 이는 무한한 부를 뜻합니다. 신 또는 잠재의식에서 태어난 당신이 가난하게 살아야 할 이유는 없습니다. 당신은 아름답고 풍족하게 살아야 합니다. 당신이 풍요로워지려는 욕구는 보다 만족스럽고, 행복하고, 멋지게 살려는 소망이므로 그것은 우주의 조화에 근거한 욕구이며 당연하고 바람직한 일입니다.

제가 아는 한 자매가 있었습니다. 언니는 전형적인 착한 사람이며 스스로 희생을 자처하는 유형이었습니다. 동생은 계산적이고 자신에게 유리한 것만 생각하는 유형이었습니다.

동생은 "나는 행복해질 거야. 결혼을 잘해서 부자가 될 거야"라는 말을 자주 했고, 언니는 "내 동생은 저만 아는 아이"라고 말하며, 자신의 일보다 부모의 일을 거드는 데 더 가치를 두었습니다. 또 동생이 예쁜 옷을 입고 춤추러 가는 게 밉고 싫었습니다.

그 후 두 사람의 운명은 어떻게 되었을까요? 언니는 행복하지 못했으며 결국 암에 걸려 고통을 겪어야 했고, 동생은 늘 제멋대로였지만 좋은 사람을 만나 결혼해 원하는 대로 살고 있습니다.

도덕적으로 평가하면 언니는 착하고 동생은 이기적입니다. 하지만 현실적으로 언니는 불행하고 동생은 행복합니다.

이 책은 도덕책도 설교책도 아닙니다. 그저 우주의 진리를 소개하기 위한 책입니다. 진리를 거역하는 도덕은 불행을 가져온다는 사실을 부디 잊지 마십시오.

대담하게 선언하세요.
"부자가 되는 것은 나의 권리다"라고.
잠재의식은 당신의 그 선언에 보답해줄 것입니다.

가난은 마음의 병이다

만약 몸에 병이 생긴다면 당신은 어딘가 나쁜 곳이 있다고 여기고 곧 치료를 받겠지요. 마찬가지로 당신이 생활하는 데 돈이 부족하거나 돈의 흐름이 원활하지 않다면, 당신에게는 어딘가 근본적으로 잘못된 부분이 있는 것입니다.

당신의 내적인 생명 원리는 원래 풍요로운 생활을 지향합니다. 따라서 가난은 생명의 본래 욕구에 어긋나는 것입니다. 당신은 쓰러져 가는 집에 살고, 남루한 옷을 입고, 주린 배를 움켜쥐고 살기 위해서 이 세상에 태어난 것이 아닙니다.

당신은 행복해야 하고 성공해야 합니다.

그러나 과거의 많은 종교나 철학은 가난을 미덕처럼 말해 왔습니다. 그것은 특수한 경우에서의 얘기입니다. 독재주의나 전체주의 국가 등 개인의 가치를 낮게 보는 체제 아래에서는 개인의 부를 부정합니다. 그런 사회에서 풍족해지는 것은 폭정이나 독재를 주재하는 입장이 아니면 가난을 체념하고 받아들일 수밖에 없었습니다.

하지만 우리가 살고 있는 현대 사회는 개개인이 자유스럽게 자신의 생활방식에 따라 부를 얻고 누리며 사는 사회입니다. 우리는 독재자나 폭군이 되지 않더라도 얼마든지 풍요롭고 행복한 인생, 성공하는 삶을 누릴 수 있습니다. 빗나간 사람들이 뒤틀어놓은 생명의 원리에 현재의 당신이 좌우된다는 것은 있을 수 없습니다.

생명의 원리는 풍요로움을 지향한다는 사실을 잠시라도 잊지마세요. 결핍된 삶은 결코 원래부터 우리가 겪어야 할 삶의 모습이 아닙니다. 우리들은 누구나 부자가 될 권리가 있습니다.

가난은 미덕이 아닙니다.
그것은 다른 많은 마음의 병처럼
일종의 병에 지나지 않습니다.

돈을 욕하는 사람

　돈에 대한 비뚤어진 생각이나 미신은 남김없이 당신의 마음속에서 없애버리세요. '돈은 더럽다'는 생각은 절대 금물입니다. 많은 사람이 현재의 수입밖에 얻지 못하는 이유 중의 하나는 그 사람들이 마음속에서, 혹은 입 밖으로 돈을 욕하기 때문입니다. 그들은 "돈은 더러운 것"이라고 말하거나 '돈은 악의 근원'이라고 생각합니다.

　돈은 우리를 결핍으로부터 자유롭게 하며 미와 부와 풍요와 세련됨을 가져옵니다. 혈액이 우리의 몸을 자유로이 순환하고 있을 때 건강한 것처럼 돈이 우리의 생활에 자유로이 순환하고 있을 때 경제적으로 건강한 것입니다.

국가도 국민 개개인에게 돈이 충분히 순환하고 있을 때 그 국가는 건강한 것이지만 잘 순환되지 않을 때에는 위험한 상태에 놓입니다. 나쁜 것은 오히려 돈이 순환하지 않는 것이지 돈이 나쁜 것은 절대로 아닙니다.

돈은 몇 세기 동안 교환 수단으로써 여러 형태를 지녀 왔습니다. 옛날에는 아름다운 조개나 옥, 또는 장식물 따위가 가치의 척도로 쓰인 적도 있었습니다. 사람의 부가 그 사람이 가지고 있는 가축의 숫자로 정해지는 시대도 있었고, 곡식의 숫자였던 시대도 있었습니다. 금이나 은이었던 시대도 있었습니다. 지금은 화폐나 기타의 유가증권을 사용하고 있습니다. 그것은 물건값을 지불할 때 소나 돼지를 끌고 가거나 쌀가마니를 등에 메고 걷는 것보다 화폐나 신용카드 등을 사용하는 것이 더 편리하기 때문입니다.

쌀, 소, 돼지, 금이나 은이 나쁜 것은 아니잖습니까? 그것은 생명의 원리에 따라서 우리 인간처럼 이 세상에 형태를 갖추고 만들어진 것이기 때문입니다.

돈을 욕하는 것은
돈이 당신에게서 도망치게 만드는 지름길입니다.

부는 수단이지 목적이 아니다

"나는 파산했습니다. 나는 돈을 증오합니다. 정말이지 돈은 모든 악의 근원입니다"라고 말한 사람이 있습니다. 이러한 생각은 매우 위험합니다.

"집에 불이 나서 모든 재산이 불에 타버렸습니다. 나는 불을 증오합니다. 불은 비참한 삶의 근원입니다"라고 말하는 사람이 있다면, 당신은 그 사람의 머리가 좀 이상해진 게 아닌가 생각할 것입니다. 불은 그 자체로는 나쁜 것이 아니니까요. 우리가 추운 겨울을 따뜻하게 보낼 수 있는 것도, 항상 익힌 요리를 먹을 수 있는 것도 불 덕분이기 때문입니다.

교환의 수단인 돈을 저주하는 것은 패배 의식에 지나지 않습니다. 한편으로 교환 수단을 절대시하는 사람도 일종의 착란을 일으킨 사람입니다.

만약 당신이 '돈을 모으는 데 모든 노력을 다하겠다. 다른 것은 전부 어떻게 되든 좋다'라고 생각한다면 돈을 벌고 재산을 모을 수가 있습니다.

하지만 당신은 얼마 지나지 않아 자신이 진정으로 원하는 것이 돈만이 아님을 알게 될 것입니다. 자신 안에 숨겨진 재능을 발휘해 보는 것, 자신에게 어울리는 위치에 서는 것, 아름다움과 타인의 행복과 성공에 도움이 되는 기쁨도 우리가 원하는 것임을 알게 될 것입니다. 돈은 수단이지 목적이 될 수 없는 것도 그러면서 알게 되겠지요.

그러나 수단은 필요하니 잠재의식의 법칙을 사용해 돈을 벌어들이세요. 그 풍부한 수단을 사용해 마음의 평화, 조화, 완전한 건강, 나아가 남과 내가 모두 행복해질 수 있는 삶을 누리시기를 바랍니다.

돈을 저주하는 사람은
좋은 것도 사용 방법에 따라 해가 된다는 것을
모르는 사람입니다.

돈은 끝없이 흐르고 있다

　자신의 잠재의식을 아는 것이 모든 종류의 부, 즉 정신의 부, 금전의 부에 이르는 지름길입니다.

　당신이 머피 이론을 이해하고 활용하고 있다면, 경제 상황이나 주식시장의 경기, 불황이나 전쟁 등 당신의 주위 환경에 관계없이, 또 부가 갖는 형식에 관계없이 당신은 항상 풍요로운 생활을 할 수 있습니다. 그 이유는 당신이 자신의 잠재의식에게 "부자가 되라!" 하고 명령했기 때문입니다.

　잠재의식은 당신이 어느 곳에 있어도 부자유스럽게 만들지 않습니다. 잠재의식을 잘 아는 사람은 돈이 언제든지 자신의 삶에 자유롭게 흐르고 있고, 언제든지 넘칠 정도로 있다는 것을 마음 속으로 확신하고 있는 사람입니다.

만일 국가 경제가 내일이라도 파탄이 나서 화폐 가치가 바닥으로 떨어진다고 합시다. 그러나 새로운 통화가 어떠한 형태를 갖든 그것과는 무관하게, 당신은 여전히 부를 끌어들이고 끊임없이 누리게 될 것입니다.

돈이 끊임없이 당신을 향하여 흘러들어 오게 하는 간단한 방법이 있습니다. 다음 말을 하루에도 몇 번씩, 몸과 마음이 편안할 때 천천히 자신에게 되풀이해서 말하세요.

'나는 돈을 좋아합니다. 나는 돈을 사랑합니다. 나는 돈을 현명하게, 건설적으로, 뜻깊게 사용하겠습니다. 나는 기꺼이 돈을 쓰겠지만 그것은 몇 배로 불어나서 나에게 돌아옵니다. 돈은 좋은 것입니다. 참으로 좋은 것입니다. 돈은 나에게 눈사태처럼 풍족하게 쏟아집니다. 나는 그것을 좋은 일에 쓰겠습니다. 나의 이익과 내 마음의 부에 감사합니다.'

이 기도를 얼마 동안 되풀이하고 있으면 당신의 생활은 마술처럼 풍족해지게 됩니다.

언제나 풍족한 인생을 누리게 될 것임을
굳게 믿고 긍정하세요. 믿음대로 될 것입니다.

의사가 된 소년

머피 박사가 오스트레일리아를 여행할 때 의사가 되고 싶어 하는 소년을 만난 적이 있습니다. 머피 박사는 그 소년이 소질도 있고 성격도 좋아 훌륭한 의사가 될 수 있으리라고 생각해 도와 주고 싶었습니다. 머피 박사는 그에게 돈을 건네주는 대신에 필요한 돈을 자신에게 끌어오는 방법을 가르쳐주었습니다.

소년은 그 당시 한 병원에서 청소, 창문 닦기, 그밖에 자질구레한 일들을 하고 있었으며, 부자인 친척도 없고 경제적인 도움을 줄 만한 사람이 나타날 가능성도 없어 보였습니다.

"땅에 뿌려진 씨앗은 필요한 것을 모두 자신에게 끌어들여서 성장하지. 자네도 식물의 씨앗을 통해 교훈을 배우고 필요한 생각을 자네의 잠재의식에 뿌리면 돼. 그러면 자네의 생각은 대우주로부터 필요한 것을 끌어당겨 반드시 실현시켜줄 거야."

머피 박사의 이 말을 들은 소년은, 매일 밤 자기 전에 벽에 붙여진 의사 면허증에 자신의 이름이 큰 글자로 쓰인 광경을 상상했습니다. 자신의 진료실에서 그 면허증이 들어 있는 액자의 유리를 닦고 있는 모습도 생생하게 상상했습니다.

약 4개월 동안 매일 밤, 싫증도 내지 않고 끈기 있게 그 상상을 떠올렸더니 마침내 기적 같은 일이 일어났습니다.

그 병원의 의사가 소년을 마음에 들어 해서 의료기구 소독법이며 피하 주사법, 응급 처치법을 가르친 후 병원의 조수로 고용한 것입니다. 그리고 소년을 의과 대학에 입학시켜주었습니다.

지금 그는 캐나다의 몬트리올에서 진료소를 개업했습니다. 진료실에서 자신의 이름이 쓰인 의사 면허증을 올려다보며, 몇 년 전엔가 오스트레일리아에서 보았던 면허증과 똑같다고 생각하면서 말입니다.

마음속으로 당신이 원하는 결과를
선명하게 볼 수 있다면
그 결과는 곧 현실이 됩니다.

소속감을 가져라

큰 회사에서 근무하는 사람이 있다고 합시다.

자신은 충분한 급여를 받고 있지 못하다든가, 노력을 인정받지 못하고 있다는 등의 온갖 불평을 하고 화를 낸다면, 그것은 잠재의식에게 자신과 회사의 인연을 끊으라고 명령하는 것과 같습니다.

결국 경영자나 상사의 눈 밖에 나서 어느 날 갑자기, 그 사람에게 "당장 그만 뒤!"라고 말할 수도 있고, 쉽게 퇴사시키지는 않더라도 더는 승진 기회를 안 주거나 별 볼일 없는 한직으로 물러나게 만들 수도 있습니다.

퇴사시키거나 승진을 막는 상사는 그 사람의 부정적인 마음을 확인한 도구에 불과합니다. 잠재의식 속에는 작용과 반작용의 법칙이 지배하고 있고, 이것은 그 중 한 사례일 뿐입니다. 여기에서 작용이란 그 사람의 생각이고, 반작용이란 그 사람의 잠재의식의 반응입니다.

그렇다면 이런 경우 어떻게 해야 좋을까요?

우선 당신의 솔직한 감정을 잘 들여다보는 겁니다. 당신은 회사에서 어떤 직책을 갖고 싶은지, 어떤 부서에서 일해야 진실로 보람이 있을지를 생각해보세요.

만약 부서가 결정되면 그 부서에서 자신이 열심히 활약하고 있는 광경을 상상하고, 일을 훌륭하게 처리해 주위 사람들에게 칭찬 받는 장면을 상상해보세요.

이러한 상상을 하루 두 번씩, 잘 때와 눈뜰 때 몸을 편안히 한 상태에서 반복하세요. 효과는 물리의 법칙처럼 반드시 나타날 것입니다.

자신이 소속한 회사를 비난하는 것은
잠재의식에게 회사와의 연을 끊으라고
명령하는 것과 같습니다.

51

작은 집보다는 큰집을 요구하라

당신의 잠재의식은 무한한 부와 이어져 있음을 잊지 마세요. 당신은 무한한 부를 잠재의식 속에 가지고 있는데도 부를 누리지 못하는 게 아닐까 두려워할 필요가 없습니다.

당신이 셋방에 살고 있다고 합시다. 그러면 당신은 아마도 20평 정도의 내 집을 꿈꿀지도 모르겠습니다.

하지만 당신은 그렇게 궁색하게 꿈꿀 필요가 없습니다. 느긋하고 편안한 자세로 더욱더 풍요로운 생활을 상상하세요. 그리고 때때로 산책을 하세요. 반드시, 당신의 꿈을 이룰 수 있는 집을 몇 채 볼 수 있을 것입니다. 주택 잡지를 들여다보는 것도 한 방법입니다. 그곳에도 당신이 원하는 집이 있을 것입니다.

그러한 생각을 계속 간직하고 있다 보면, 어느새 당신이 꿈꾸는 집의 이미지가 자리를 잡겠죠. 그러면 그것을 종이나 도화지에 그리는 겁니다. 그런 다음 이미 건축되어 있는 그 집에서 당신이 살고 있는 장면을 상상하세요. 늦어도 몇 년이 지나면, 예상치 못한 방법으로 그런 집에 살고 있는 자신을 발견하고 놀라게 될 것입니다.

사냥할 때 지상 50미터 높이에 있는 참새든, 50미터 전방에 앉아 있는 참새든, 명중시키기가 어렵기는 매한가지입니다. 더 위에 있다고 해서 맞추기가 어려운 것은 아닙니다.

당신이 집을 갖고 싶어 할 때, 잠재의식은 그 소원을 들어주는 데 있어서 그 집이 작은집이건 큰집이건 규모와는 상관이 없습니다. 꿈을 크게 가지세요. 상식에 어긋나는 것 같지만 잠재의식의 법칙을 알면, 큰집을 갖는 어려움이나 작은집을 갖는 어려움이나 어렵기는 마찬가지임을 알게 될 것입니다.

겨우 먹고 살 만큼의 돈을 원하지 말고
원하는 건 모두 할 수 있을 만큼 큰돈을 원하세요.
어제도 자신의 생각과 믿음의 크기만큼만 얻었고,
내일도 그러할 것입니다.

성공은
계획이 완성된 것을 보는 능력

　미국의 석유업을 일으킨 헨리 플래글러(Henry Flagler)는, 자신의 성공 비결은 "계획이 완성된 것을 머릿속으로 보는 능력"이라고 말합니다. 그 사람은 눈을 감고 거대한 석유 산업을 상상하고, 기차가 레일 위를 달리는 것을 보고, 기적이 울리는 것을 듣고, 연기를 본다고 합니다.

　기도가 성취된 것을 실제로 그려보고 믿게 되면 잠재의식은 그것을 실현시켜줍니다. 목표물을 명확히 상상하면, 잠재의식의 기적 같은 힘이 당신의 기도를 실현시키는 것입니다.

　사업에 성공한 사람은 이전부터 자신의 사업이 번창하는 장면을 머릿속에 그리면서, 그것이 실현된 광경을 잠재의식에 계속해서 집어넣어 왔던 사람들입니다. 그리고 목표를 향해 이끌리듯이 나아갔던 사람들입니다.

또 위대한 학자가 된 사람도 한때는 교수 밑에서 적은 급료를 받으며 지내던 조수 시절이 있었습니다. 학자가 될 정도라면 머리가 나쁘지 않을 테니 얼마든지 다른 일을 찾을 수도 있었을 것입니다. 그런데도 불구하고 가정도 건사할 수 없을 만큼 적은 보수를 받고도 불만 없이, 의식주를 절약해가며 책을 사서 공부에 열중했던 것은 무엇 때문일까요?

그들은 자신이 훌륭한 학자가 되어 연구에 몰두하는 모습이나, 학생들 앞에서 강의하는 모습이 눈에 보였기 때문입니다. 또는 자신의 연구 성과가 잡지나 책이 되어, 같은 학문을 연구하는 사람에게 읽히고 비평될 때의 짜릿한 기쁨을 느낄 수 있기 때문입니다.

어느 분야에서나 성공한 사람은 큰 결실을 맺은 모습을 미리 마음속에서 선명히 본 사람이라는 것을 잊지 마세요.

성공한 실업가들은,
자신의 사업이 성공한 상태를
머릿속으로 미리 선명하게 그렸던 사람들입니다.

배우가 되려면 이 사람처럼

머피 박사가 잘 아는 어느 영화배우의 이야기입니다.

"저는 거의 교육도 받지 못했지만 소년 시절부터 영화배우로 성공하는 것을 늘 꿈꿔 왔습니다. 들에서 풀을 벨 적에도, 소를 몰면서 집으로 돌아올 적에도, 또 우유를 짜고 있을 때까지도, 저는 제 이름이 큰 극장에 커다란 글자로 광고되는 광경을 끊임없이 상상했지요. 그 뒤 저는 영화의 엑스트라 일을 시작했습니다. 그리고 드디어 저는 소년 때 꿈꾸었듯이, 내 이름이 스크린에 대문짝만큼 크게 비춰지는 날이 찾아왔습니다. 그래서 저는 계속적인 상상이 성공을 가져온다는 것을 확신합니다."

이 글을 읽는 독자 중에는 '배우가 되기를 꿈꾸는 사람은 무수히 많은데, 정작 배우가 되는 사람은 별로 없다는 거 우습지 않아?'라고 반문하는 분이 계실지 모르겠습니다. 그러나 그것은 이상한 일이 아닙니다. 오랫동안 지속적으로 성공한 자신을 상상하는 사람은 의외로 적기 때문입니다.

앞에서 말한 그 배우는 고향을 떠나올 때부터 몇 년간 거의 한 순간도 자신이 성공하는 모습을 머릿속에서 지우지 않았고, 엑스트라가 된 후에도 자신의 성공 장면을 꽤 오랫동안 그리고 있었습니다.

요즘 같은 경쟁사회에서 경쟁자가 실패하기를 바라는 마음이 생기는 것도 어쩌면 당연합니다. 남이 실패하기를 바라는 마음이 자신의 성공을 바라는 마음보다 강할 때도 종종 있습니다. 하지만 타인의 실패를 바라는 마음은 잠재의식에 자신이 실패하기를 비는 것과 같습니다. 잠재의식은 누가 실패하는지 모릅니다. 그래서 결국 잠재의식에 실패상과 실패감이 새겨져서 생각하는 사람 자신에게 실현되는 것입니다.

자신의 모습이
스크린에 클로즈업되는 광경을 꿈꾸지 않고
훌륭한 배우가 된 사람은 없습니다.

꿈으로 세운 약국

30여 년 전쯤의 일입니다.

주급 40달러의 고정급에 판매 수당을 받는 젊은 약사가 있었습니다. 그 사람은 "25년만 일하고 퇴직할 겁니다. 그러면 연금을 받을 수 있거든요" 하고 머피 박사에게 말했습니다.

그 말에 박사가 이렇게 대꾸했습니다.

"당신은 왜 당신의 약국을 가지려고 하지 않습니까? 그곳에서 나오세요. 그리고 소망의 수준을 올리세요. 당신 자신에 대해 꿈을 가지세요. 당신의 아들은 의사가 되고 싶어 할지도 모르고, 딸은 음악가가 되고 싶어 할지도 몰라요. 자식을 뒷바라지하려면 당신의 지금 수입으로는 제대로 공부시킬 수가 없을 겁니다."

그러자 약사가 "저는 약국을 차릴만한 돈이 없는 걸요"라고 힘없이 말했습니다. 그런 그에게 머피 박사는 잠재의식에 대해 설명하고, 소망을 잠재의식에 보낼 수만 있다면 잠재의식은 그 소망을 어떻게든지 실현시킨다고 가르쳐주었습니다.

그 후 약사는 자신의 약국을 상상했습니다. 그는 마음속으로 약병을 진열하거나, 조제하거나, 점원 몇 명이 손님과 상담하는 광경도 상상했습니다. 은행에 많은 돈을 예금하는 모습도 상상했습니다. 마음속의 그는 자신의 약국에서 일하고 있었고, 숙련된 배우처럼 주인공으로 생활하고 있었습니다. 정말 그런 것처럼 행동하면 실제로 그런 사람이 되는 것이 잠재의식의 법칙이니까요.

그러던 중, 약사는 근무처에서 해고되어 새 체인점에 취직해 지배인이 되었습니다. 그리고 그 지역의 총지배인으로 발탁되었을 즈음에는, 자신의 약국을 차릴 돈이 은행에 예금되어 있었습니다. 마침내 그는 자신의 약국에 '꿈의 약국'이라고 이름 짓고, 누구나 인정할 만큼 성공한 사람이 되었습니다.

소망의 수준을 지금보다 과감히 높이세요.
당신의 인생은 그 수준대로 이뤄질 것입니다.

마음속의 대화로
백만장자가 된 세일즈맨

독일의 대문호 괴테는 어려운 일이나 곤란한 일에 직면했을 때면 몇 시간씩 상상의 대화를 나누었다고 합니다.

가령 무슨 문제가 있을 경우, 자신의 친구가 평소의 몸짓이나 말투로 올바르고 적절한 대답을 해주는 광경을 상상한 것입니다. 괴테는 이 모든 광경을 될 수 있는 한 현실적이고 생생하게 그렸습니다.

증권사 직원인 한 젊은이가 그 이야기를 듣고 주식 판매에 괴테의 방법을 응용해보기로 했습니다.

그는 억만장자 은행가와 가까운 사이인데, 얼마 전에 그 사람에게 현명한 판단을 내렸다는 칭찬을 들으며 좋은 주식을 사달라고 부탁 받은 일이 기억났습니다. 그래서 그는 그 은행가와 마음의 대화, 상상의 대화를 하기로 했습니다. 어려운 문제가 생기면 그는 그 은행가와 상상 속에서 생생한 대화를 나누고 은행가에게 칭찬 받는 장면을 그렸습니다.

이 젊은이의 마음속 대화법은 자신의 목적과 잘 부합되는 것이었습니다. 그의 인생 목적은 자신의 고객에게 돈을 벌 수 있게 해주는 것, 그 사람들이 자신의 권유로 인해 경제적인 이득을 보는 것이기 때문입니다.

그는 지금도 자신의 일에 잠재의식의 대화법을 사용하고 있습니다. 그렇게 해서 그는 자신의 고객들에게 부를 제공했을 뿐만 아니라, 자신도 증권사 딜러로서 성공한 사람이 되었고 더욱 성장하여 지금은 백만장자가 되었습니다.

마음속으로 나누는 대화는
잠재의식을 움직이는 가장 좋은 기술입니다.

학습 의욕이 좋아지는 묵상법

청소년이 공부에 어려움을 느끼거나 성적이 나쁜 요인이 단순히 지능지수에만 있는 경우는 거의 없습니다. 따라서 잠재의식의 힘을 빌리면 비교적 간단하게 해결될 수 있습니다.

머피 박사가 잘 아는 고등학생도 성적이 나쁘고 기억력이 나빠서 크게 걱정하고 있었습니다. 박사는 그 학생에게 잠재의식에 관한 몇 가지 진리를 하루에도 몇 번씩 잠재의식에 심으라고 가르쳐주었습니다. 특히 잠재의식이 작용하기 가장 좋은 때인 취침 전과 잠에서 깨어난 후에 하도록 시켰습니다.

학생이 잠재의식에 심은 긍정적인 생각은 다음과 같습니다.

"나는 나의 잠재의식이 기억의 창고임을 깨달았습니다. 내가 책에서 읽은 내용이나 선생님에게 들은 것은 모두 외워두겠습니다. 나는 완벽한 기억력을 가지고 있습니다. 그리고 잠재의식 속의 무한한 지성은 필기시험이건, 구두시험이건, 어떤 시험에도 내가 기억해야 할 것을 모두 나에게 제시해줍니다. 나는 모든 선생님과 같은 반 친구들에게도 사랑과 선의를 베풉니다. 나는 진심으로 그들이 성공하기를 기도합니다."

결과는 어떻게 되었을까요?

그 기도가 잠재의식에 침투해서 그의 기억력이 향상되었고 선생님이나 친구들과의 관계도 좋아졌습니다. 그리고 성적은 전 과목이 우수하다는 평가를 받게 되었습니다.

우리는 가끔 뭔가를 잊을 때가 있습니다. 그러다 다시 기억해내곤 합니다. 잊고 있는 동안 그 기억이 어디에 가있었을까요? 그것은 잠재의식에 가있었습니다. 잠재의식은 어떤 일이든 잊지 않습니다. 다만 의식하는 마음으로 떠올리기가 어려웠을 뿐입니다. 잠재의식을 믿는 마음이 커지면 기억도 당연히 좋아집니다.

잠재의식을 이용하면 머리가 좋아집니다.
잠재의식은 기억의 보물창고이기 때문입니다.

매매에서의 성공 작전

당신이 집을 팔고 싶다고 할 때 어떻게 하면 좋은 구매자가 나타날까요? 다음은 머피 박사가 직접 체험한 사례입니다. 참고로 미국에서는 집을 파는 쪽이 사는 쪽보다 어렵다고 합니다.

머피 박사는 집 앞에 '집을 팝니다'라고 쓴 푯말을 세웠습니다. 그날 밤 잠자리에 든 박사는 '이 집이 팔리면 어떻게 할까?'라고 마음속으로 말했습니다. 그러자 자신의 물음에 답하여 '나는 저 푯말을 뽑아서 집어던지겠지' 하고 말했습니다. 그런 다음 박사는 상상 속에서 그 푯말을 땅에서 뽑아 어깨에 메고 가서 바닥에 내려놓은 뒤, 장난스런 말투로 '이젠 너와는 다시 볼 일 없어'라고 푯말에게 말했습니다. 박사는 일이 다 해결되었다는 사실을 실감하고 만족을 느꼈습니다.

다음 날, 한 남자가 나타나 박사에게 만 달러의 선금을 내고 집을 사겠다고 말했고, 매우 유리한 조건으로 거래가 성립되었습니다. 앞서도 말했듯이 미국에서는 집을 파는 일이 매우 어려워서, 헐값으로 내놓아도 살 사람이 나타나지 않아 애를 먹는 경우가 꽤 많다고 합니다. 그러니 집을 판다는 푯말을 내걸고 바로 다음 날 팔린다는 것은 기적에 가깝다고 해도 좋을 정도입니다.

거래가 만족스럽게 끝나자 박사는 실제로 그 푯말을 뽑아 들고 마음속에 그린 대로 실행했습니다.

이렇게 해서 실제로 드러난 상황이 마음속 상상과 모두 일치하게 되었습니다. 이것은 그렇게 새로울 것도 없습니다. "안과 같이, 또 밖에도"라는 말이 있습니다. 잠재의식에 새겨진 상상 대로 외부 스크린, 즉 실생활에 비춰졌을 뿐입니다. 외부 상황은 마음속을 비춰내는 거울이며, 외부 행위는 내면의 행위에 따라서 일어나는 일인 것입니다.

집을 사고 파는 것도 잠재의식을 잘만 활용하면
생각지 못한 좋은 결과를 가져옵니다.

마음의 뿌리는
다른 사람의 마음과 통한다

집이나 토지, 자동차 따위를 팔고 싶을 때는 느긋하고 조용하게 실제로 일어난 일인 듯 다음과 같이 긍정적으로 생각하세요.

'잠재의식의 무한한 지성은 이 집을 갖고 싶어 하며, 또 이 집에 들어오면 발전할 수 있는 사람을 나에게 데려다줍니다. 이 집을 사려는 사람은 절대로 실수를 저지르지 않는 나의 잠재의식의 창조적인 지성에 따라서 나에게 오고 있습니다. 물론 그 사람은 다른 많은 집들을 보겠지만, 그가 사고 싶어 하는 것은 결국 내 집뿐입니다. 그 이유는 그의 내면에 있는 무한한 지성이 그를 내 집으로 인도하기 때문입니다.

나는 이 집이 그에게 어울리며 매매 시기도 적절하고 값도 알맞은 것을 알고 있습니다. 매매 조건은 모두가 만족스럽게 결정될 것입니다. 깊은 곳에 있는 나의 잠재의식이 드디어 활동을 시작했고, 곧 우리 두 사람을 신의 질서에 따라 만나게 해줍니다. 나는 그렇게 될 것을 확신하고 있습니다.'

당신이 원하는 것은 동시에 상대도 원하고 있다는 점을 절대 잊지 마세요. 당신이 집이라든가 기타의 물건을 팔고 싶을 때는, 그것을 갖고 싶어 하는 사람이 반드시 어딘가에 있습니다. 잠재의식의 힘을 잘 사용하면 매매할 때 일어나는 경쟁의식이나 근심을 마음속에서 완전히 쫓아낼 수 있습니다.

더욱이 이 기술은 한 번 성공하면 점점 더 성공하기가 쉬워집니다. 머피 박사가 자신의 집을 팔려고 내놓았을 때, 다음 날 바로 집을 사려고 하는 사람이 나타난 것처럼 말입니다.

당신의 마음에 있는 뿌리는
모든 이들의 뿌리와 연결되어 있습니다.
당신이 팔고자 한다면
사고 싶어 하는 사람도 꼭 나타나게 마련입니다.

신비로운 해결 방법

제가 아는 사람 중에 도시 근교에 집을 가진 사람이 있었습니다. 하지만 땅은 자신 소유가 아니었습니다. 그는 땅을 사고 싶어서 오래 전부터 땅 주인과 교섭했지만 갖가지 문제에 부닥쳐 해결되지 못하는 상황이었습니다.

법률상 살고 있는 사람을 쫓아낼 수는 없기 때문에 땅 주인이 결국 팔 것이라는 확신은 있었습니다. 하지만 주인이 이런저런 이유를 대며 땅을 선뜻 팔려고 하지 않자 저에게 상의를 해왔습니다.

저는 그에게 이것저것 신경 쓰는 것을 그만두고 그 땅이 자신

것이 된 것을 나타내는, 뭔가 상징적인 상황을 마음에 그리라고 권하며, 머피 박사가 집을 성공적으로 팔게 된 이야기를 해주었습니다.

마을 전체가 축제 중이던 어느 날, 그가 축제장식물을 세우기 위해 기다란 말뚝을 땅에 꽂고 있었습니다. 그때 문득 제가 한 말이 생각났다고 합니다. 그래서 말뚝을 땅에 꽂는 행위를 그 땅을 얻은 징표로 삼으며 다음과 같이 말했습니다.

"이 땅은 이제 내것이다. 그 표시로 지금 말뚝을 박는다. 내 땅에 말뚝을 박고 승리의 깃발을 높이 내거는 것이다."

이 말을 마음속으로 되풀이하며 말뚝을 땅에 박았습니다.

이 행위 자체가 잠재의식에 성취의 의지를 심어 넣는 데 효과가 있었습니다.

얼마 후 땅 주인은 그가 제시한 조건을 그대로 받아들였고, 여름이 끝나갈 무렵 토지 소유권 이전이 깨끗이 마무리되었습니다. 드디어 그 집의 땅이 완전히 그의 소유가 된 것입니다.

문제 해결을 원한다면,
이미 다 해결된 것처럼 진심을 담아
성공을 상징하는 행동을 취해보세요.
머지 않아 마법 같은 일이 일어납니다.

바라는 것은 직접 만져 보라

머피 박사의 강연을 자주 들으러 오는 젊은 부인이 있었습니다. 그녀는 강연장에 오려면 세 번씩이나 버스를 갈아타야 하기 때문에 한 시간 반이나 걸렸지만, 즐거운 마음으로 열심히 다녔습니다.

어느 날 그녀는 한 청년이 갖고 싶었던 차에 시승하는 상상을 반복하며 잠재의식에 새긴 후, 기적적으로 차를 얻게 되었다는 이야기를 머피 박사에게 들었습니다. 그녀도 그렇게 해보기로 결심했습니다.

그녀는 처음부터 큰 꿈을 갖는 게 좋다는 것을 알고 있었으므로 캐딜락 전시장에 나갔습니다. 판매원이 그녀를 태우고 차를 운전해보인 뒤, 그녀에게도 몇 킬로미터를 운전하게 해주었습니다. 그녀는 그 캐딜락이 자신 것이라고 몇 번씩이나 마음속으로 되풀이하며, 그 순간의 멋진 느낌을 잠재의식에 새기고자 노력했습니다. 그리고 확실히 새겨졌음을 느꼈습니다.

그 뒤에도 그녀는 자신이 차를 운전하는 모습, 차안의 장식에 신경 쓰는 모습을 2주일 이상 쉬지 않고 상상했습니다.

그 후, 공교롭게도 뉴저지 주의 잉글우드에 사는 그녀의 백부가 사망했고, 그녀에게 캐딜락과 부동산 전부를 유산으로 남겨주었습니다. 그래서 그 다음부터는 머피 박사 강연에 그 캐딜락을 타고 왔습니다.

당신은 이것을 우연이라고 생각하십니까? 만약 그렇다면 당신은 잠재의식의 본질에 관해 처음부터 다시 배울 필요가 있습니다.

바라는 것이 있다면
실제로 눈에 보이는 것처럼
머릿속으로 생생하게 그리세요
그러다가 기회가 오면 꽉 움켜쥐세요.

반드시 성공할 것이라
믿은 사업가들

하루에도 몇 번씩 "성공"이라는 추상적인 낱말을 조용히 되뇜으로써 '나는 반드시 성공한다'는 확신에 이르렀고, 그로 인해 대성한 사업가가 아주 많습니다. 그들은 '나는 반드시 성공한다'는 신념이 성공에 필요한 모든 요소를 지녔음을 알았던 것입니다.

그들처럼 당신도 오늘밤부터 신념과 확신을 가지고, "성공"이라는 말을 반복해 보세요. 잠재의식이 그것을 진실이라고 받아들이면, 당신은 잠재의식에 의해 성공하지 않을 수 없습니다. 자신의 신념, 인상, 확신을 계속 유지하면 결국 그대로 실현된다는 것을 잠시도 잊어서는 안 됩니다.

당신은 지금 가정생활이나 사회생활, 교우 관계, 경제적인 문제에 있어서 성공을 원하고 있지 않습니까? 아름다운 집에서 행복한 삶을 누릴 만큼 충분한 돈을 벌고 싶지 않습니까?

당신도 어떤 의미에서는 사업가입니다.

자신이 좋아하는 일을 하고, 원하는 것을 소유한 성공한 사업가가 되세요. 풍부한 상상력을 가지고 자신이 성공해 있는 마음속 상황으로 들어가세요. 그리고 그것을 습관화시키는 것입니다.

당신이 매일 밤 성공한 듯한 기분으로 만족스럽게 잠든다면, 당신은 잠재의식에 '나는 성공한다'는 생각을 완벽하게 심어 넣은 것과 같습니다.

당신은 반드시 성공할 사람으로 태어났다고 상상하고 그렇게 느껴보십시오. 그러면 당신이 소망하는 기적이 당신에게 틀림없이 일어납니다.

성공한 사람들은
자신이 성공하는 모습을 늘 상상합니다.
꾸준한 상상이 잠재의식의 기적을 이끌어냅니다.

잠재의식은 노력하는 자에게
대가를 준다

당신이 마음속으로 생각한 것을 그대로 받아들이고, 잠자는 시간에도 쉬지 않고 24시간 활동하는 것이 잠재의식입니다. 과학자가 위대한 발견이나 발명을 하는 것도 그 덕분인 경우가 많습니다.

끝까지 마음속으로 생각하다가 해결되지 않은 것을 잠재의식에 넘겨주면, 잠재의식이 지금까지 마음속에서 얻은 정보를 잘 짜 맞춰서 해답을 줍니다.

독일의 유명한 화학자 케쿨레(F. A. Kekule)도 잠재의식을 이용해서 획기적인 화학 발전에 공헌한 사람입니다.

그는 오랫동안 벤젠의 구조를 밝혀내기 위해 노력하고 있었습니다. 하지만 끊임없는 노력에도 불구하고 해결하지 못한 채 정신적으로나 육체적으로나 지칠 때로 지쳐 있었습니다. 그래서 그는 더는 고민하지 않고 그 문제를 완전히 잠재의식에 넘겨버리기로 했습니다.

얼마 후 그가 런던에서 버스를 타려고 할 때, 그의 머릿속에 갑자기 뱀이 자기 꼬리를 물고 화륜 불꽃처럼 빙빙 돌고 있는 광경이 떠오르는 것이었습니다. 잠재의식이 그의 마음속으로 답을 보내준 것입니다.

그렇게 해서 그는 원자를 고리 모양으로 배열하는 화학식을 완성해냈습니다. 이것이 바로 현재 '벤젠 고리'라고 알려진 그것입니다.

이와 같이 해답은 예기치 않았던 순간에 전광석화처럼 주어집니다.

하늘의 한 귀퉁이에서 반짝이는 별처럼
잠재의식은 노력하는 사람에게
최상의 빛을 안겨줍니다.

아이디어 성숙에는 단계가 있다

케쿨레와 비슷한 체험을 한 사람으로, 일본의 수학자 오카 기요시(岡潔) 박사에 대한 기록이 있습니다. 박사는 어려운 문제를 풀어야 하는데 몇 달간 해결의 실마리를 찾을 수 없었습니다. 도저히 어떻게 할 수도 없는 지경에 이르자, 10분 정도만 정신이 깨어 있을 뿐 그 뒤부터는 견딜 수 없이 졸음이 쏟아졌습니다.

그때 친구의 초대로 시골에서 여름휴가를 보내게 되었고, 그곳에서 연구를 계속했습니다. 연구 도중에는 소파에 걸터앉아자는 경우가 많아서, 선 채로 잠이 든다는 '기면성 뇌염'이라는 별명이 붙을 정도였다고 합니다.

그런데 가을이 시작될 무렵, 아침 식사 후 응접실에 앉아 고민하던 중이었습니다. 생각이 한쪽으로 집중되더니 돌연 문제해결책이 떠오른 것입니다. 이 일을 그는 이렇게 기록하고 있습니다.

'전혀 해결되지 않는 상태가 계속되고, 그 뒤 잠만 자는 일종의 방심 상태가 지속되었던 것, 이것이 발견에 있어 중요한 역할을 했다고 본다. 씨를 땅에 뿌리면 싹이 틀 때까지 시간이 필요하듯, 결정작용(結晶作用)에도 일정한 조건으로 방치해두는 것이 필요하듯, 성숙할 준비가 되고 나서도 꽤 많은 시간이 지나지 않으면 훌륭하게 성숙할 수 없다고 생각한다. 따라서 더는 방법이 없다고 포기해서는 안 되며, 의식의 밑바닥에 감춰진 것이 조금씩 성숙되어 표면으로 나타나기를 기다려야 한다. 표면으로 나왔을 때, 문제는 이미 자연스럽게 해결되어 있는 것이다.'

잠재의식의 신비로운 작용에 대해 이만큼 멋지게 쓰인 기록은 세계적으로도 흔치 않습니다.

당신이 너무 많은 생각에 지쳐 있을 때도
잠재의식은 결코 멈추지 않습니다.
그러다 어느 한순간 불쑥 솟아나는 식물의 싹처럼
해답도 불쑥 안겨줍니다.

잠재의식은
학문의 발견과도 연결된다

　다음은 미국의 해양생물학자 루이스 아가시(L. Agassiz) 교수가 화석 물고기를 분류할 때의 일입니다. 그때의 상황을 그의 미망인이 다음과 같이 기록했습니다.

　'석판에서 물고기 화석의 흔적을 발견했지만 선명하지 못했다. 그 화석을 규명하고자 아가시는 15일 간이나 노력했지만 밝혀내지 못하고 완전히 지쳐버렸다. 그는 일을 중지하고 머릿속에서 완전히 지워버리기로 했다.

　얼마 후, 그는 꿈속에서 화석 물고기의 선명치 않던 부분이 완전히 복원된 모양을 보고는 놀라 눈을 떴다. 하지만 아무리 애써도 잘 기억나지 않았다. 다음 날 밤에도 그는 물고기 화석의 꿈을 꾸었다. 그리고 눈을 뜨니 전날 밤처럼 또 생각이 나지 않는 것이었다.

하지만 같은 일이 또 반복될 수 있다고 생각해서, 3일째 되는 날 밤에는 잠들기 전 연필과 종이를 침대 곁에 놓고 잤다. 그랬더니 새벽녘에 그 물고기 화석이 또 꿈에 나타난 것이다. 처음엔 선명치 않았으나 점점 명확해지더니, 물고기의 동물학적 특징을 분명하게 인식하게 되었다. 깜깜한 어둠 속에서 반은 수면 상태로 침대맡에 있는 종이에 그 특징을 스케치했다.

아침이 되어 그 종이를 본 아가시는 깜짝 놀랐다. 거기에는 그 화석에 나타날 이유가 없는 특징 몇 개가 그려져 있는 게 아닌가! 그는 화석이 박힌 석판이 있는 곳으로 달려갔다. 그 스케치를 참고로 돌의 표면을 정성껏 끌로 얇게 깎아 나가자, 점점 물고기의 감춰져 있던 부분이 나타났다. 완전한 모양을 보니 놀랍게도 자신이 꿈에서 묘사해 낸 그림과 흡사했다. 그로부터 그 화석에 있는 물고기를 분류하는 데 간단하게 성공할 수 있었다.'

잠재의식은 우리가 도저히 볼 수 없는 것까지도
꿈을 통해 보게 만드는 힘이 있습니다.

슈미트 박사의 상상력

로켓 연구가이며 전기공학자인 슈미트 박사는, 구소련의 포로
가 되어 가혹한 악조건의 탄광에서 중노동을 하고 있었습니다.
독일에 있는 집은 파괴되고, 가족은 피살되었으며, 박사가 맡은
일은 너무나 많고 식사는 형편없어, 머지않아 다른 포로들처럼
언제 죽을지 모르는 운명에 놓여 있었습니다.

박사는 최후의 수단으로 잠재의식에 도움을 청하기로 했습니
다. 그는 자신의 잠재의식을 향해 '나는 로스앤젤레스에 가고 싶
다. 네가 그 방법을 꼭 찾아줄 것이라고 믿는다'고 말했습니다.

박사는 전쟁 전 베를린에서 알게 된 미국 소녀가 로스앤젤레

스의 사진을 보여주어 시가지의 건물이나 큰 길 몇 개를 잘 기억하고 있었습니다. 박사는 매일 밤 그 소녀와 함께 로스앤젤레스의 거리를 산책하며 둘이서 가게에 들어가거나 버스를 타거나 식당에서 식사하는 광경 등을 실감나게 상상할 수 있었습니다. 그 상상은 강제수용소의 나무들만큼이나 현실적이고 자연스러운 것이 되었습니다.

수용소에서는 아침마다 감시원이 일일이 숫자를 세며 인원 점검을 했습니다. 어느 날 아침, 감시원이 17번까지 세고는 호출되어 갔습니다. 그런데 잠시 뒤 돌아온 감시원이 착각했는지 다음 사람도 "17" 하고 세는 것이었습니다. 17번이 바로 박사였던 것입니다. 그날 박사는 탈출에 성공했고, 저녁 점호 때도 아침 인원과 같았으므로 박사의 탈출은 한동안 탄로 나지 않았습니다.

그사이 박사는 폴란드로 무사히 도망쳤습니다. 그 후 친구의 도움으로 스위스로 건너간 그는, 캘리포니아 출신의 미국인과 사귀어 다시 미국으로 가게 되었습니다. 그리고 마침내 상상했던 대로 로스앤젤레스의 거리를 자유롭게 활보했으며, 미국인 소녀는 그의 부인이 되었다고 합니다.

잠재의식에 의지하고 있으면
한순간 우연처럼 소망이 이루어집니다.

7천 년 전의 수수께끼를 푼
잠재의식

　스위스의 정신의학자이자 분석 심리학의 창시자인 칼 융은, 인간에게는 민족의 기억, 종족의 기억이라는 개인의 기억을 초월한 기억이 있다고 주장합니다. 이는 물론 잠재의식을 말하고 있는 것입니다.

　우리의 기억이 몇 천 년이라도 거슬러 올라갈 수 있음을 보여주는 예를 소개하겠습니다.

　펜실베이니아 대학의 헬프레히트 교수는 고대 바빌로니아 사람의 반지에 달려 있던 것으로 보이는 두 개의 마노(보석의 하나)

조각에 얽힌 수수께끼를 풀고 있었습니다.

그렇지만 좀처럼 답을 발견하지 못하고 시간만 흐르고 있던 어느 토요일 저녁, 이리저리 머리를 굴리며 생각하다 지쳐 잠이 들었습니다. 꿈속에 나이가 마흔 살 정도로 보이는 키가 크고 마른 고대 바빌로니아 사제가 그를 어느 사원의 보물 창고로 데리고 갔습니다. 그곳은 창문이 없고 천장이 낮은 자그마한 방이었고, 바닥에는 마노와 루비가 여기저기 흩어져 있었습니다.

그곳에서 사제는 교수에게 이렇게 말했습니다.

"네 책 속에서 22페이지와 26페이지에 따로따로 게재한 두 개의 마노 조각은 반지가 아니고 사실은 귀고리다. 네가 오늘밤 만지작거리고 있던 마노 조각 두 개를 맞춰 보면 내 말이 사실임을 알게 될 것이다."

헬프레히트 교수는 눈을 떴습니다. 그리고 그 꿈이 맞다는 것을 확인하고 몹시 놀랐습니다.

이처럼 잠재의식의 무한한 능력은 시간과 공간을 넘어설 때가 많습니다.

잠재의식은 시간을 초월합니다.
그러므로 당신이 태어나기 전의 일도
잘 알고 있는 것입니다.

잠재의식을 믿는 마음

이번에도 머피 박사가 직접 겪은 경험을 소개하고자 합니다.

다음은 박사가 조상에게서 물려받은 귀중한 반지를 잃어버려서 애태우던 때의 이야기입니다.

박사는 밤에 잠자기 전, 마치 친한 사람에게라도 이야기하듯 이 잠재의식을 향해 이렇게 말했습니다.

"너는 무엇이든 알고 있다. 물론 그 반지가 어디에 있는지도 알고 있지. 넌 그것이 어디에 있는지 곧 나에게 가르쳐줄 거야."

다음 날 아침 눈을 떴을 때, 갑자기 "로버트에게 물어라" 하는 소리가 들렸습니다. 아홉 살 난 어린 로버트에게 묻는다는 게 다소 이상했지만 순순히 믿고 따르기로 했습니다.

과연 로버트에게 묻자 이렇게 말하는 것이었습니다.

"아, 그거요! 내가 친구들과 마당에서 놀다가 주웠어요. 그리고 지금 내 책상 위에 있어요. 그렇게 중요한 물건인 줄 몰라서 아무에게도 말하지 않았어요."

믿으면 반드시 답을 주는 게 잠재의식입니다. 답을 얻는 데 긴 시간이 걸릴 것이라고 생각하면 도리어 답을 얻는 시간이 지연됩니다. 어렵다고 생각하면 잠재의식도 그렇게 생각하기 때문이지요.

잠재의식에는 문제라는 것이 없고, 오로지 답만 알고 있을 뿐입니다. 잠재의식의 무한한 능력을 믿고, 나머지는 문제가 완전하게 해결되었을 때의 기쁨만 느끼면 됩니다.

잠재의식에게 답을 얻을 때는
가장 간단한 방법이 최선의 방법입니다.
그 해답은 어느 순간 토스터에서 빵이 나오듯
가볍게 튕겨져 나올 것입니다.

유언장을 찾은 청년

머피 박사와 가깝게 지내던 한 청년의 아버지가 세상을 떠났습니다. 청년의 누나는 아버지가 돌아가시기 전에 유언장을 작성해 두었다는 말을 들었다고 합니다. 그래서 유언장을 찾아봤지만 어디에서도 찾을 수가 없었습니다.

머피의 이론을 알고 있던 청년은 잠들기 전에 마음속으로 다음과 같이 편안하게 말했습니다.

'나는 지금 이 문제를 잠재의식에 넘깁니다. 잠재의식이 아버지의 유언장이 어디에 있는지 가르쳐줄 것입니다.'

그리고 자신의 소원을 '답'이라는 한 마디로 줄여서 그 말을 자장가처럼 부르고 또 부르다 잠에 빠졌습니다.

다음 날 아침, 청년은 갑자기 로스앤젤레스의 한 은행에 자꾸만 가고 싶어졌습니다. 그래서 은행에 가보니 아버지의 이름으로 등록된 금고가 있었고, 거기에 유언장이 들어 있는 게 아니겠습니까!

청년이 마지막으로 자신의 소원을 '답'이라는 한 낱말로 요약한 것은 잘한 일이었습니다. 문장으로 된 기도도 좋지만 청년처럼 기도 내용을 한 마디, 또는 몇 마디의 말로 요약해서 자장가처럼 되풀이하며 잠드는 것은, 잠재의식에게 활동 개시를 명령하는 가장 효과적인 방법입니다.

당신도 원하고 소망하는 것이 있다면 청년처럼 이 방법을 사용해보세요.

잠재의식의 효과는
느낌과 내재된 의식,
또는 뛰어난 예감으로 나타납니다.

근심으로부터 자유로운 사고

우리는 종종 어려운 결단을 내려야만 되는 때가 있습니다. 그런데 문제 해결책이 떠오르지 않을 때는 너무 걱정하거나 이것저것 고민하지 말고 일단 그 문제에 관해 긍정적으로 생각해야 합니다.

세상에는 '걱정'도 '생각'의 하나라고 믿는 사람이 있는데 그렇지 않습니다. 진정한 사고란 걱정이나 두려움으로부터 자유롭습니다.

이번에는 어떠한 문제든 잠재의식의 도움을 받을 수 있는 방법을 소개하고자 합니다.

먼저 마음을 가라앉히고, 몸에게 푹 쉬라고 명령하세요.

몸은 당신이 의식하는 마음의 명령을 받게 되어 있습니다. 당신의 육체는 의지도 주도성도 주체의식도 가지고 있지 않습니다. 당신의 육체는 당신의 신념이나 인상을 기록하는 레코드판과 같습니다. 당신은 우선 몸을 편안하게 함으로써 잠재의식의 믿음을 얻어야 합니다. 잠재의식은 당신이 신뢰할 때만 활동을 시작하고 도움을 주기 때문에 이것은 아주 중요한 일입니다.

그리고 몸을 편안하게 한 후 당신의 주의력을 집중시키고 문제 해결에 생각을 집중하세요. 또 그것이 완전히 해결되면 당신이 얼마나 기쁠지를 상상하고, 그 기분을 마음껏 느끼세요.

그런 다음 편안한 기분으로 잠자리에 들면 됩니다.

눈을 떴을 때도 아직 답이 나와 있지 않다면 다른 일에 열중하세요. 아마 당신이 다른 일에 열중하고 있을 때 당신이 구하던 답은 토스터에서 구워진 빵이 톡하고 튕겨져 나오듯 당신의 머릿속에 갑자기 떠오를 것입니다.

두려움이나 근심을 품는 것은
참다운 사고가 아닙니다.
참다운 사고는 두려움으로부터
완전히 자유로운 것입니다.

사람이 잠을 자는 이유 1

왜 사람은 잠을 자야 하는가에 대해서 의학자나 생리학자로부터는 충분한 답을 얻을 수 없습니다.

많은 사람은 낮 동안의 활동으로 피로하니까 몸을 휴식하기 위하여 잠을 자고, 잠을 자고 있는 동안 회복 작용이 일어난다고 말합니다.

정말 그럴까요?

잠을 잔다고 해서 쉬고 있는 것은 거의 없습니다. 심장도 폐도 간도 모든 중요한 기관은 자고 있는 동안에도 활동합니다. 자기 전에 먹은 음식물은 자고 있는 사이에도 소화되고, 영양소는 흡

수되며, 피부는 땀을 분비하고, 손톱이나 머리카락도 쉴 새 없이 자랍니다.

이처럼 수면 중에도 인간의 중요한 기능은 쉬지 않고 활동하는 것에 주목한 존 비겔로(John Begelow) 박사가 있습니다.

박사의 연구 결과에 의하면, 인간이 자지 않으면 안 되는 이유는 인간의 영혼이 육체로부터 이탈해서 신들의 지혜와 예지에 참가하기 때문이라고 합니다. 또 수면은 우리가 흔히 생각하듯이 모든 활동을 멈추는 게 아니며, 잠에 빠져 현실세계에서 벗어나는 시간만큼 정신적 발전에 필요한 것은 없음을 명백히 밝히고 있습니다.

편안한 수면은 당신의 잠재의식을 더욱더 활발하게 활동하도록 만듭니다. 환자가 자고 있을 때 더 치료가 빠른 것은, 의식하는 마음의 방해를 받지 않고 잠재의식이 더욱 잘 움직일 수 있기 때문입니다.

기도는 수면의 한 형식이고,
수면은 기도의 한 형식입니다.
사람은 잠자고 있을 때
잠재의식으로부터 정신적 충전을 받습니다.

사람이 잠을 자는 이유 2

　우리의 의식하는 마음은 깨어 있는 시간에는 끊임없이 근심이나 다툼, 논쟁 등에 휘말립니다. 그렇기에 반드시 감각기관에서 흘러 들어오는 자료나 정보를 정기적으로 차단하고, 외부세계로부터 물러나 잠재의식의 내면인 지혜와 조용히 교류하는 시간을 가져야 합니다.

　이와 같이 감각기관을 통하여 들어오는 자극이나 정보, 일상 생활의 소란이나 혼란으로부터 벗어나는 것이 수면입니다. 즉 수면 중에 당신은 외부세계에 대해서는 잠자고, 잠재의식의 지혜와 힘에 대해서는 눈을 뜨는 것입니다.

그 옛날 전쟁터의 장군들은 피비린내 나는 전투 중에도 잠깐 동안 차 마시는 시간을 가졌다고 합니다. 대기업 경영자들도 하루 중 몇십 분은 차나 종교를 위한 시간을 가지며 외부세계로부터 벗어납니다. 좋은 생각, 현명한 지혜를 얻기 위해서는 우주의 마음에 잠길 시간이 필요합니다.

그렇다고 당신이 오늘부터 당장 참선을 시작한다든지 불상 앞에 앉아 있을 필요는 없습니다.

인간의 수면은 자신을 외부세계의 소란으로부터 떼어놓는 가장 완벽한 방법이므로, 취침 전 30분과 잠을 깬 이후의 10분간을 특히 소중히 여겨야 합니다. 잠자리에 들기 전부터 마음을 느긋하게 갖고, 만능의 잠재의식과 교류하는 마음가짐 속에 몸을 편안히 하고, 소망하고 기도하며 평화롭게 잠이 드는 것입니다.

혼자 사는 사람은 마음먹기에 따라 얼마든지 할 수 있지만, 결혼한 사람은 배우자에게도 같은 마음이 있으면 더 좋겠지요. 좋은 배우자를 만나면 삶의 질이 더 좋아지지만, 나쁜 배우자를 만나면 기도를 실현하기가 매우 어려워집니다. 그런 경우에는 각자 생활방식을 바꾼다거나 방법을 찾아야 하겠습니다.

사람이 잠을 자는 것은
잠재의식의 지혜와 교류하는 일입니다.

갈등이 심할 땐
내면의 지시를 따라라

　살다보면 어떻게 해야 좋을지 알 수 없는 일들이 생기곤 합니다. 그럴 때는 시간을 초월하고 미래도 과거도 없는 전지전능한 잠재의식의 지시를 받으세요.

　머피 박사의 강연을 익히 들어온, 미국 로스앤젤레스에 사는 젊은 부인이 있었습니다. 그녀는 어느 날 뉴욕 시에 있는 큰 회사로부터 지금 직장의 월급보다 두 배를 주겠다는 스카우트 제의를 받았습니다. 그녀는 뉴욕으로 갈 것인지 아니면 그냥 이대로 로스앤젤레스에 살아야 할지 갈등했습니다.

　그래서 자기 전에 지금 근무 중인 회사와 새 직장이 될 회사를 비교하며 다음과 같이 기도했습니다.

"나의 잠재의식의 창조적 지성은 나에게 가장 좋은 길이 무엇인지 알고 있습니다. 나에게도 나와 관련된 사람들에게도 축복이 되는 결정이 무엇인지 나타내주십시오. 그 응답이 반드시 나타날 것을 믿고 이에 감사드립니다."

그 부인은 밤에 잠들기 전에 자장가처럼 이 간단한 기도를 몇 번씩 반복했습니다. 그리고 아침이 되었을 때, 새 직장으로 가지 말아야 한다는 느낌이 강하게 들었고 부인은 스카우트 제의를 거절했습니다.

그 뒤에 일어난 사건은 자신의 결정이 얼마나 옳은 것이었는지 증명해주었습니다. 그녀에게 두 배의 월급을 제시했던 회사가 몇 달 뒤에 파산하고 말았기 때문입니다.

의식하는 마음은 객관적으로 알려진 사실에 대해서는 올바른 판단을 할 수 있지만, 잠재의식은 미래를 보고 판단해 답을 줍니다. 결정이 망설여진다면 당신의 잠재의식을 믿고 맡기세요. 위의 부인처럼 당신도 가장 적절한 답을 얻을 수 있습니다.

어떤 결정을 내려야 할지 망설여진다면
잠자는 동안에 잠재의식의 지시를 받으면 됩니다.

미래를 알려주는 꿈의 신비

잠들기 전에 당신이 옳은 행동을 할 수 있도록 기도하면, 그 기도에 따라 잠재의식은 당신에게 옳은 지시를 내려주고 당신을 보호해줍니다. 그 예로 머피 박사의 체험을 소개해 보겠습니다.

2차 세계대전이 일어나기 얼마 전, 박사는 동양의 한 나라에서 매우 좋은 조건을 제시하며 일해달라는 제의를 받았습니다. 박사는 올바른 결단을 구하고자 다음과 같이 기도했습니다.

"나의 내면에 존재하는 무한한 지성은 모든 것을 알고 있으므로 신의 질서에 따라 올바른 결정을 나에게 제시합니다. 그 답이 나타나면 나는 그것을 인정하고 받아들이겠습니다."

박사는 이 간단한 기도를 밤에 잠들기 전에 자장가처럼 몇 번씩 되풀이했습니다. 그러자 3년 뒤에 일어날 일이 꿈속에 생생하게 나타났습니다. 박사의 오랜 친구가 꿈속에 나타나서, "신문 (뉴욕타임스)의 머리기사를 읽어라. 제안을 받아들이지 마라" 하고 말하는 것이었습니다. 꿈에 나타난 신문의 머리기사는 전쟁과 진주만 공격에 관한 것이었습니다.

이때는 일본의 군부까지도 진주만 공격을 계획하고 있지 않았으므로, 잠재의식은 당시 누구의 머릿속에도 없었던 사실까지 미리 알고 있었음을 보여줍니다. 게다가 박사가 신뢰하고 존경하는 사람을 꿈에 등장시켜 박사를 말린 것이지요. 박사는 바른 결정으로 이끄는 꿈을 자주 꾼다고 합니다.

어떤 이는 조심할 일이 있으면 꿈에 어머니가 나타나 그곳에 가지 말라고 말해 준다는 사람도 있습니다. 우리의 잠재의식은 무슨 일이든지 알고 무슨 일이든지 가능하므로 거기에 의지하여 지시를 받으면 됩니다.

아침에 눈떴을 때 아이디어나 꿈이 떠오른다면
그것은 우리를 올바로 이끌어줄
잠재의식의 지시이자 답입니다.

꿈속의 설계도로
10만 달러를 번 사람

피츠버그 제철소에서 압연공으로 일하던 해머스트롬 씨가, 꿈 속에서 본 설계도를 완성시켜 많은 상금을 받은 사실이 언론에 대대적으로 보도된 일이 있었습니다.

그의 회사에서 철판 압연기를 새로 설치했는데, 철판을 냉각 장치로 보내는 스위치가 잘 작동되지 않아 기사들이 수리하느라 애를 먹고 있었습니다. 그 스위치를 열 번도 넘게 수리했지만 모두 허사였습니다.

해머스트롬 씨도 문제를 해결하기 위해서 새로운 디자인을 고 안해내려고 시도했지만 매번 실패하고 말았습니다.

어느 날 오후, 그는 스위치에 대해 생각하다가 그대로 잠들었고, 신기하게도 꿈속에서 완전한 스위치의 설계도를 보게 된 것입니다. 꿈에서 본 설계도는 참으로 훌륭했습니다.

놀라 잠에서 깬 그는 꿈에서 본 초안에 따라 재빨리 설계도를 만들었고, 그것이 그에게 큰 행운을 가져다주었습니다.

이 선잠의 덕택으로 해머스트롬 씨는 10만 5천 달러의 상금을 받게 되었으니까요. 이것은 회사가 지금까지 사원의 아이디어 제안에 대해 지급해 온 보너스 중에서 최고 액수였습니다.

성공한 사업가, 학자, 설계사 등은 그래서 늘 메모지를 침대 곁에 놓고 꿈속의 계시를 메모한다고 합니다. 유명한 노벨상 수상자 중에서도 이처럼 꿈속에서 얻은 아이디어의 도움을 받아 큰 업적을 올린 사람도 있습니다.

답을 얻고 싶다면,
잠자고 있는 당신의 잠재의식이 기지개를 펴고
맘껏 활동할 수 있도록 마음을 열어놓으세요.
어느 날 기발한 아이디어가 눈앞에
섬광처럼 내리꽂히는 순간이 찾아올 것입니다.

잠재의식을 활용한 작가

《보물섬》을 비롯해 수많은 명작을 남긴 영국의 작가 스티븐슨 (R. L. Stevenson)은 《평원을 넘어서》라는 저서에서, 거의 하나의 장을 꿈에 대한 이야기로 전개하고 있습니다.

스티븐슨은 매일 밤 자기 전, 반드시 잠재의식에 특별한 지시를 내리는 것이 습관처럼 되어 있었습니다. 말하자면 자신이 자고 있는 동안 잠재의식에게 책의 나머지 이야기를 전개하도록 부탁해두는 것이었습니다. 그리고 꿈속에서 전개된 일을 잠이 깨고 난 뒤에 글로 옮길 정도로 상당히 선명한 꿈을 꾸는 사람이었습니다.

그는 자신에게 갖가지 꿈을 펼쳐 보이는 잠재의식을 일컬어 "작은 브라우니"라고 불렀습니다. '작은 브라우니'는 한밤중에 나타나 청소나 탈곡 등 농가의 일손을 거들어주었다는 스코틀랜드의 전설에 등장하는 갈색의 난쟁이를 말합니다. 스티븐슨은 자신이 자는 사이에 일을 해준다는 뜻으로 잠재의식을 이렇게 불렀습니다.

그의 말에 의하면, 이들 작은 브라우니는 계속해서 이야기를 들려주어, 작가인 자신도 그동안 이 브라우니가 어떻게 이야기를 전개시킬 작정인지 전혀 알 수 없었습니다.

그래서 스티븐슨은 소설의 소재가 밑바닥이 드러났을 때는 '잘 팔리고 많은 돈을 벌 수 있는 재미있는 소설을 저에게 주십시오' 하고 브라우니에게 부탁했습니다. 그러면 반드시 다음 날 아침까지 소재나 줄거리를 제시해주었다고 합니다.

그 결과 20권에 이르는 스티븐슨 전집을 남길 수 있었던 것입니다.

소설이나 논문을 쓸 때도
잠재의식에 의지하면 큰 도움을 받게 됩니다.
성공한 학자나 작가는
잠재의식에 의지하는 법을 알았던 사람들입니다.

자기 분석의 필요성

어느 회사의 재기발랄한 젊은 중역이 이렇게 투덜댔습니다.

"나는 매일 밤늦게까지 정신없이 일합니다. 지금까지 경영에 관해서 내 제안이나 의견이 잘 받아들여졌고 그 때문에 회사는 많은 돈을 벌었습니다. 그런데 나는 지난 3년간 한 번도 승진을 못했습니다. 내 부하들은 승급도 하고, 승진도 했는데 말입니다."

실제로 이 남자는 근면하고 재능도 뛰어났으며, 회사를 위해 자기 몸을 돌보지 않고 일했습니다. 그런데도 그는 승급이나 승진이 되지 않았습니다.

그 이유를 살펴보니 가정생활에 문제가 있었습니다. 그는 아내와 별거 중이고, 3년 동안이나 재산, 별거 수당, 아이들의 양육비 따위로 다투고 있었습니다. 무의식적으로 그는 소송이 판결날 때까지는 돈이 필요 없다고 생각했습니다.

돈을 벌면 벌수록 별거 수당을 더 많이 지불해야 하기 때문에 더는 돈을 바라지 않았던 것이지요. 그는 아내를 미워하고 있었으므로, '돈을 안 줄 거야, 저 여자를 풍족하게 해줄 수 없어' 하는 생각이 부에 대한 부정적인 태도를 만들어버렸습니다. 그래서 결국 모든 경제적인 면에서 마이너스 영향을 받았던 것입니다.

머피 박사의 지적을 들은 그는 자신의 승진과 부를 방해한 것은 자기 자신이었음을 깨달았습니다. 그리고 자신의 행복을 위해 별거 중인 아내와 아이들에 대하여, 건강과 사랑과 평화와 발전을 기원해야 한다는 것도 깨닫고 기도를 시작했습니다.

그렇게 기도한 지 몇 주일이 지난 뒤, 그는 정신적으로 다시 살아난 듯한 느낌이 들었습니다. 아울러 파격적인 조건으로 승급을 하게 되었고, 아내와도 재결합을 하게 되었습니다.

왠지 돈이 잘 모이지 않는다면,
혹시 마음속으로 '나는 돈이 필요하지 않다'고
말하고 있지는 않은지 곰곰이 생각해보세요.

마음의 상태가
부와 명성을 만든다

머피 박사가 잘 아는 외과 의사의 이야기입니다. 외과 의사는
웰스에서 광부의 아들로 태어났습니다. 어린 시절 집안이 가난
했던 소년은 신발이 없어서 맨발로 학교에 다녀야 했고, 고기반
찬도 명절 외에는 식탁에 올라오는 일이 없었다고 합니다.

어느 날 소년은 외과 의사의 수술로 친구의 병이 완쾌된 것에
감동해서, 아버지에게 외과 의사가 되고 싶다고 말했습니다. 그
러자 아버지가 이렇게 대답했습니다.

"아버지는 너를 위해 25년간이나 저축했고 지금은 모두 합쳐
서 3만 달러가 된다. 네 교육을 위해 모은 것이지만 네가 의학 공

부를 마칠 때까지 손대지 않는 게 좋을 것 같다. 학업이 끝나면 할레 거리(일류 의사가 모여 있는 런던의 유명한 거리) 같은 곳에서 훌륭한 병원을 개업하는 데 쓰는 게 좋겠지. 그동안 이자도 늘어날 테니, 그때 네가 쓰고 싶은 일에 얼마든지 써도 좋단다.”

아버지의 배려에 소년은 큰 힘을 얻었습니다. 그는 개업할 때까지 그 돈에 손을 대지 않기로 약속하고 열심히 공부해서 의과대학에 진학했고, 아르바이트를 하며 의과대학을 졸업했습니다.

그의 졸업식 날, 아버지가 아들에게 말했습니다.

“아버지는 보잘 것 없는 광부로 살아왔기 때문에 좋은 변화를 일으킬 만한 일이 하나도 없었다. 사실은 은행에는 저축된 돈이 하나도 없었고, 지금까지 통장 하나 가진 것이 없다. 하지만 아버지는 거짓말이긴 했지만 네가 그 말을 듣고 네 마음속에서 무한한 금광을 찾아내기를 바랐다. 미안하다, 아들아.”

젊은 의사는 너무나 놀라 무슨 말인지 어리둥절할 뿐이었습니다. 하지만 곧 자신에게 3만 달러가 있다는 믿음이, 실제로 돈을 가지고 있는 것과 똑같은 작용을 해서 목표를 달성할 수 있었다는 것을 깨달았습니다.

‘부’는 마음의 상태이지만 그와 동시에
마음의 상태가 ‘부’를 만들고, 명예를 만듭니다.

빈익빈 부익부

'무릇 있는 자는 받겠고 없는 자는 있는 것도 빼앗기리라.'(누가복음 19장 26절) 이것은 '부유한 자는 더욱 부유해지며, 가난한 자는 점점 가난해진다'는 뜻이지만 성경의 말이라고는 생각되지 않을 정도로 참혹한 여운이 있습니다.

그러나 진리입니다. 진실로 부유한 사람이란 사고의 힘을 알고 있으며, 날로 발전하고 부유해지는 사고를 끊임없이 강하게 잠재의식에 새기는 사람입니다. 따라서 모든 것의 근원인 마음의 무한한 부에 주의를 기울이는 사람은 더욱더 풍족해집니다. 땅에 떨어진 한 알의 씨앗은 곧 수백의 씨앗을 낳듯이, 당신의 부의 씨앗은 드디어 당신 자신의 경험이 되어 많은 부의 씨앗으로 그 모습을 나타냅니다.

어떤 부동산업자가 있었습니다. 그는 모든 것은 한계가 있고, 특히 세상의 부는 몇 명의 부자들이 모두 차지하고 있다며 분노했습니다. 또 그런 사회이므로 남에게 적은 월급으로 많은 노동을 시키고, 매점매석을 하는 등, 무지한 사람이나 지식이 부족한 사람을 이용하지 않으면 성공할 수 없다고 생각했습니다.

그런 그가 머피 박사를 통해서 부는 무한한 것임을 깨달았습니다. 남의 것을 빼앗지 않고도 무엇이든 손에 넣을 수 있다는 것을 깨달은 것입니다. 그리고 경쟁보다는 사람들과 협력해서 일을 해나가는 길을 선택했습니다.

그는 '신의 무한한 부는 내가 그 부를 사용하는 것과 같은 속도로 나에게로 흘러들어온다. 또한 다른 사람들도 날로 풍족해진다'는 기도를 3개월 동안 계속했습니다. 그러자 그 3개월 동안에 수입이 세 배로 늘어났습니다.

마음이 부자인 사람은 점점 더 부자가 됩니다.
마음이 풍요로운 사람은 점점 더 풍요로워집니다.

이상적인 남성을
만날 수 있는 명상

잠재의식에 새겨진 것은 무엇이든지 실제로 체험하게 됩니다. 만일 당신이 원하는 남성을 만나고 싶다면, 당신이 바라는 남성의 성격이나 특징을 당신의 잠재의식에 새겨 넣는 일부터 시작해야 합니다. 방법은 다음과 같습니다.

밤에 안락의자나 소파에 앉거나, 혹은 이불 위에 누워도 좋습니다. 눈을 감고 몸을 편안히 한 후 조용히 수용하는 자세를 갖추십시오. 그리고 잠재의식에게 이렇게 말하세요.

'나는 지금 정직하고 성실하고 다정다감하며 날로 성장해 가는 남성을 나의 주변으로 끌어당기고 있습니다. 내가 존경하는 이와 똑같은 여러 특성이 지금 나의 잠재의식 속에 들어오고 있습니다. 내가 이런 생각에 잠겨 있는 동안 이것들은 나의 일부분이 되어 잠재의식에서 나와 세상 밖으로 실현되고 있습니다.'

또 이렇게도 말하세요.

'끌어당김의 법칙과 잠재의식의 신념에 따라 훌륭한 남성을 나에게 끌어당길 수 있다고 확신합니다. 잠재의식 속에서 진실이라고 느끼는 것은 반드시 나에게 이끌려옵니다.'

이러한 생각을 당신의 잠재의식에 불어넣으세요. 그러면 당신이 원하는 특징의 남성을 자신에게 자연스럽게 끌어오게 되고, 그 남성은 당신을 발견하고 기뻐할 것입니다.

잠재의식의 지성은 두 사람이 만나는 길을 예기치 않은 방법으로 열어줍니다. 이것은 당신의 잠재의식이 저항할 수도, 거역할 수도 없는 흐름입니다. 당신이 가지고 있는 사랑과 헌신과 협력 등 최선의 것을 주고 싶다는 간절한 소망을 품으세요. 그런 다음 당신의 잠재의식이 사랑의 선물을 받아들일 수 있게 마음의 준비를 하면 됩니다.

이상형의 남자를 만나고 싶다면
그가 지녀야 할 성격이나 특징에 대해 묵상하세요.
기도 속의 남자가 반드시 나타날 것입니다.

이상적인 여성을
만날 수 있는 명상

좋은 아내를 맞이하는 것이 인생의 완성을 위해 꼭 필요하다고 생각하는 남성은, 우선 원하는 여성이 어떤 성격, 어떤 여성상이어야 하는지를 염두에 두세요. 그렇지 않으면 일시적인 매력에 끌려 결혼하게 되고 평생을 후회하게 됩니다.

당신의 미래나 자식에 관해 진지하게 고심하는 남성은, 다음과 같이 긍정적인 말로 기도하세요.

'나는 지금 나에게 가장 적합한 여성을 끌어당깁니다. 이것은 정신의 일치입니다. 그 이유는 이것이 두 사람의 영혼에 공통된 잠재의식을 통해 작용하는 신적인 사랑이기 때문입니다. 또 나는 그 여성이 다음과 같은 성격을 갖추고 있다고 단언합니다. 그 여자는 배려있고, 심성이 고우며, 성실하고, 순수한 사람입니다. 그녀와 조화를 이루어 저는 행복합니다. 우리들은 서로가 저항할 수 없이 끌리고 있습니다. 사랑과 진실, 아름다움과 관계있는 것만이 나의 세계로 들어올 수 있습니다. 나는 지금 나에게로 오는 가장 이상적인 반려자를 기쁜 마음으로 받아들입니다.'

이렇게 하면 당신의 잠재의식의 흐름은 신의 질서에 따라서 즉 불가피하게 당신이 바라는 여성을 만나게 합니다.

내 친구는 미국 유학 중에 유명한 철학 교수의 집을 방문했습니다. 남편과 같이 철학 교수인 부인을 보며 그 가정의 지적인 분위기에 강한 인상을 받은 그는, 자신도 그런 아내를 맞이하고 싶다고 생각하게 되었습니다.

그는 일본으로 온 후 많은 혼담이 있었지만 이상하게도 마음을 열지 못하다가, 뜻밖에 어느 대학 철학과 강사였던 여성과 만나게 되어 결혼했고, 자신의 뜻을 이룰 수 있었습니다.

좋은 아내를 맞이하고 싶다면
그녀가 지녀야 할 성품이나 특징을
먼저 마음속에 그리세요.
그래야 꿈에 그리던 여자를 만날 수 있습니다.

네 번째 결혼으로 행복한 여인

세 번이나 결혼에 실패한 여자라면 보통은 또다시 결혼을 꿈꾸기가 어렵습니다. 하지만 왜 세 번씩이나 결혼에 실패했나를 반성하여 네 번째에 행복한 결혼에 성공한 여성이 있습니다. 그녀는 어떻게 잠재의식의 도움을 받았을까요?

그녀는 그동안 결혼했던 세 남편이 모두 수동적이어서, 무슨 일을 할 때나 어떤 결정을 내릴 때에도 자신의 의사가 없이 그녀의 의사에 따르기만 하는 것이 불만이었습니다.

머피 박사는 지극히 남성적인 성격의 그녀가 잠재의식으로는 자신이 주도할 수 있는 복종적이고 수동적인 남성을 원하고 있다는 사실을 알았습니다. 잠재의식에서는 수동적이며 아내의 말에 순종하는 남성을 바라면서, 의식하는 마음에서는 자신을 이끌어줄 남자다운 남자를 원했던 것입니다. 이것은 한 사람의 마음에 두 개의 다른 측면을 가진 의식의 모순입니다.

그런 경우 항상 잠재의식이 이기게 마련이라서 잠재의식이 실현됩니다. 그런데 그녀는 그 사실을 알지 못한 것이지요. 머피 박사로 인해 내면의 진실을 깨달은 그녀는 기도했습니다.

'나는 마음속으로 원하는 남성상을 만들고자 합니다. 나의 미래 남편은 강하고, 마음이 따뜻하며, 또 매우 남성적입니다. 성공한 사람이면서 정직하고, 성실하며, 충실합니다. 그는 나와 결혼해 사랑과 행복을 찾게 됩니다. 나는 그가 가는 곳은 어디나 기쁘게 따라가겠습니다. 나는 그에게 사랑과 선의와 즐거운 마음과 건강한 몸이라는 멋진 선물을 드리겠습니다. 신의 지성은 이 남성이 어디에 있는지 이미 알고 있으며 우리 둘을 만나게 하고 하나로 맺어지도록 도와줍니다.'

그리고 얼마 후 그녀는 실제로 이상적인 남자를 만나 결혼했고 행복한 생활을 누리고 있습니다.

진실된 마음으로 잠재의식의 도움을 받는다면
최고의 배우자와 행복한 결혼을 할 수 있습니다.

결혼 상대를 찾느라
근심하지 마라

당신이 꿈꾸는 상대는 이미 잠재의식 안에 있습니다. 결혼할 상대를 어디서, 어떻게 만날까 근심할 필요가 없습니다. 당신은 잠재의식의 지혜를 무조건 신뢰해도 좋습니다. 잠재의식이 그 방법을 알고 있으니 고민할 필요도 없고, 방법을 찾느라 머리를 쓸 필요도 없습니다. 당신이 걱정하면 그 걱정이 잠재의식에 새겨지기 때문에 오히려 해로울 뿐입니다.

음악을 좋아하는 친구가 있었습니다. 그는 학교 교사였는데 피아노를 칠 줄 아는 여자와 결혼해 문학과 음악이 조화된 가정을 꾸리는 게 소원이었습니다. 하지만 실제로는 음악 하는 사람을 사귈 기회가 전혀 없었습니다.

저는 그에게 머피의 이론에 대해 얘기해주고, 우선 이상적인 여성의 특징을 강조해 기도할 것, 그리고 마음이 포화상태가 될 때까지 그것을 마음속에서 구하고, 마치 먹은 사과가 혈액의 일부가 되듯이 그 이미지를 그의 일부로 만들라고 권했습니다.

그러던 어느 날 그는 음악회에 다녀오다 옛 친구와 오랫만에 만나서 맥주 집에 들렀습니다. 거기서 많은 이야기를 나누다가 문학과 음악이 있는 가정으로 꾸미는 게 꿈이라고 말했습니다.

그런데 그 친구가 마침 음악대학 졸업생인 한 여자를 잘 알고 있었고, 나중에 두 사람을 소개해준 것입니다. 그 후로 자연스럽게 혼담이 오고 가게 되었고 그의 바람대로 음악과 문학이 어우러진 가정이 이뤄졌습니다.

지금은 사랑하는 아이도 태어났고, 집안은 음악으로 가득하며, 문학이나 예술에 대한 대화로 꽃을 피우는 이상적인 가정이 실현되었습니다.

이상형을 어디서 어떻게 만나게 될지는
당신의 잠재의식에 이미 다 새겨져 있습니다.

이혼은 먼저
마음속에서 시작된다

결혼한 지 몇 달밖에 안된 한 젊은 부부가 이혼할 위기에 처해 있었습니다. 남편을 만나 대화를 나누던 머피 박사는, 남편이 처음부터 아내에게 버림받으면 어쩌나 걱정하는 마음이 있었음을 알 수 있었습니다.

그는 미움 받을 걸 미리 걱정했고, 또 아내가 부정을 저지를지도 모른다는 의심으로 머릿속이 늘 복잡했습니다. 그리고 그러한 근심, 불안, 의심은 강박관념으로 바뀌기 시작했습니다. 자연히 남편에 대한 아내의 애정도 점점 식어갈 수밖에 없었습니다. 남편의 감정은 아내에게도 전달되는 게 마음의 법칙이니까요.

그리고 결국엔 작용과 반작용, 원인과 결과의 법칙에 따라 남편의 마음속 우려와 똑같은 현실이 눈앞에 그 모습을 드러냈습니다. 여기에서 작용은 그의 생각, 즉 의식하는 마음의 내용이고 반작용은 잠재의식의 반응입니다.

그의 아내는 집을 나갔고 이혼을 요구했습니다. 그가 처음부터 두려워했던 상황이 벌어졌습니다. 아시다시피 좋은 생각이 좋은 상황을 만들어내듯, 부정적인 생각이 부정적인 상황을 만들어냅니다.

머피 박사는 마음의 법칙을 두 사람에게 설명해주었습니다. 이혼은 마음에서 비롯되는 것이며, 법률적인 절차는 그것을 마지막으로 확인하는 형식에 지나지 않음을 깨닫게 했습니다.

두 사람은 박사의 충고를 듣고, 서로에게 품었던 걱정과 의심, 부정적인 생각을 멈추고, 사랑과 평화와 조화와 선의를 품기로 했습니다. 또 매일 밤 성경의 시편을 서로 읽어주기로 했습니다. 그 결과 두 사람은 날이 갈수록 행복한 결혼 생활을 누릴 수 있었습니다.

이혼은 반드시 마음속에서 비롯됩니다.
법률적인 절차는 그저 마음이 그려낸
외적인 형식에 불과합니다.

자신의 행복은
스스로 선택하라

행복이란 마음가짐입니다.

성경에 '네가 섬기는 그날을 선택하리로다'라는 구절이 있습니다. 이것은 당신에게는 행복을 선택할 자유도, 불행을 선택할 자유도 있다는 뜻입니다.

단순하게 들릴지 모르지만 이는 진실입니다. 많은 사람들이 행복에 이르는 도중에 실패하는 이유도, 이처럼 단순한 행복의 비결을 모르기 때문입니다.

그러면 행복을 선택하는 일부터 시작해 보겠습니다.

먼저 아침에 눈을 뜨면 자신에게 이렇게 조용히 말합니다.

"나는 오늘 행복을 선택합니다. 나는 오늘 성공을 선택합니다. 나는 오늘 모든 사람에 대해서 사랑과 선의를 선택합니다. 나는 오늘 평화를 선택합니다."

이때는 반드시 생명과 사랑을 불어넣어 말하세요. 그러면 당신은 행복을 선택한 것이 되고, 당신의 외부 상황도 당신이 행복을 선택한 것을 증명하듯 전개됩니다.

많은 사람은 '오늘은 운이 나쁜 날이야. 모든 일이 다 틀어질 될 거야', '나는 성공하지 못할 거야', '모두가 나를 거부하고 있어', '장사는 잘 안 되고, 상황은 더 나빠질 거야', '나는 항상 지각해', '나에게는 행운이 오지 않아', '저 친구는 잘할 수 있는데 나는 못해'라는 식의 부정적인 생각을 갖기 때문에 불행을 선택하게 됩니다.

만일 당신이 아침에 눈을 떴을 때 이런 마음을 가진다면, 실제로 그렇게 되고, 불행하게 될 것입니다. 지금부터는 스스로 행복을 선택하는 습관을 만드세요.

당신은 행복을 선택할 자유가 있고,
또 행복을 당신의 습관으로 만들 수도 있습니다.

삶은 그 사람이
하루 동안 생각한 그 자체이다

"그 사람은 자신이 하루 동안 생각한 그 자체다"라고 말한 것
은 미국 철학자 에머슨입니다. "사람의 일생이란 그 사람이 인생
을 어떻게 생각하는가에 달려 있다"라고 말한 것은, 로마 황제이
자 철학자였던 마르크스 아우렐리우스입니다. 이들의 말처럼 잠
재의식의 진리를 적절하게 표현하고 있는 것도 없습니다.

머피 박사는 샌프란시스코에서 스스로 몹시 불행하다고 여기
고, 미래를 낙담하는 한 회사의 총지배인을 만났습니다.

그는 회사의 사장과 부사장에 대한 불만, 분노로 가득 차있었
습니다. 마음속 갈등 때문에 일의 실적도 떨어져서 상여금도 받

지 못하고 있었습니다. 그는 한 마디로 인생의 위기에 처해 있는 상황이었습니다. 박사는 그에게 매일 아침 눈을 떴을 때, 다음과 같이 조용히 긍정적인 기도를 하라고 말했습니다.

"우리 회사에서 일하는 사람들은 누구나 정직하고, 성실하며, 협조적이고, 선의적입니다. 그들은 회사의 성장과 번영을 가져다 주는 정신적 고리입니다. 나는 생각이나 말로나 회사의 모든 이들에게 사랑과 평화와 선의를 보냅니다. 내 잠재의식의 무한한 지성이 나를 통해 모든 결정을 내리므로, 업무상 거래나 인간관계에 있어서도 모두 적절하게 행동할 것입니다. 나와 전 직원들의 마음속에는 평화와 조화가 지배하고 있습니다. 나는 지금 신념과 자신감, 신뢰를 가슴에 가득 담아 새로운 날을 맞이합니다."

그는 이 기도를 매일 아침 반복했으며 진리임을 깊이 실감했습니다. 낮에도 두려움과 분노가 떠오르면 곧 '평화와 조화와 침착함이 늘 나의 마음을 지배한다'라고 자신에게 들려주었습니다. 이처럼 마음을 조절한 지 반 달이 지났을 때, 사장과 부사장이 그를 불러 그의 업무 능력을 크게 칭찬해주었습니다.

사람이란 그가 하루 동안 생각한 그 자체이며,
사람의 일생이란,
그가 어떤 생각으로 살았는지를 보여줍니다.

잠재의식의 힘은,
19세기 최대의 발견이다

머피 박사의 단골 양복점 주인의 딸에 관한 이야기입니다.

어느 날, 그녀가 아버지에게 말했습니다.

"전 오늘 2만 달러짜리 밍크코트를 보고 왔어요. 분에 넘치는 욕심인 걸 알지만 그 옷을 입고 싶어 견딜 수가 없어요."

이 말을 들은 그녀의 부친은 머피의 이론을 알고 있었기에 "그 밍크코트를 네가 손에 들고 있다고 상상해보렴. 그런 다음 멋진 털을 손으로 쓰다듬으며 감촉도 느껴보고, 그것을 입었을 때의 기분도 맛보는 거야" 하고 딸에게 말해주었습니다.

머피 박사의 이야기를 들은 적 있는 딸은, 마음속으로 상상의 밍크코트를 입어 보았습니다. 또 아이들이 인형을 쓰다듬듯이 부드럽게 쓰다듬는 시늉을 했습니다. 그러던 중, 그녀는 마침내 실제로 밍크코트를 입은 듯한 기분을 느꼈고, 매일 밤 상상의 코트를 입고 자신의 것이 된 기쁨을 느끼며 잠에 들었습니다.

그렇게 한 달이 지났지만 아무 일도 일어나지 않았습니다. 믿음이 허물어지려 할 때면 그녀는 '최후까지 참는 자는 구원을 얻을 것이다'라는 성경 구절을 떠올렸습니다.

어느 일요일 아침, 머피 박사의 강연을 들은 뒤 강연장을 나가는 그녀의 발을 어떤 남자가 심하게 밟았습니다. 그가 공손히 사과한 후 그녀를 집까지 자신의 차로 모시고 싶다고 말했습니다. 그녀는 기꺼이 호의를 받아들였고, 두 사람은 그 일을 계기로 서로 사귀게 되었습니다.

그러던 어느 날, 그가 그녀에게 다이아몬드 반지를 건네며 청혼했습니다. 그리고 "내가 코트를 하나 봐두었는데 당신이 입으면 정말 아름다울 거야" 하고 덧붙였습니다.

두 사람은 코트를 보러 갔습니다. 그것은 그녀가 오래 전부터 마음에 두었던 바로 그 코트였습니다.

믿음으로 새겨진 잠재의식의 힘은
19세기 최대의 발견이었습니다.

누구나 이용할 수 있는 신의 힘

어떤 남자가 다음과 같이 푸념했습니다.

"제 희망은 아들을 대학에 보내고 새 집을 장만하는 것인데, 무엇하나 제대로 되는 게 없습니다."

머피 박사는 그와 대화하는 동안 그가 하루 종일 잔걱정이 많고 안절부절 못하는 남자라는 것을 알았습니다.

그래서 신의 힘은 누구에게나 있고, 그 힘은 고요함에 휩싸였을 때 의식에 의해 꺼내어지기를 기다리고 있으므로, 우선 자신을 외부세계의 모든 방해나 소리부터 차단하고 고요함에 젖어보라고 권했습니다. 그리고 사물의 부정적인 면만 보는 습관을 버리라고 말했습니다.

머피 박사의 지시에 따라 그는 밤에 조용한 곳에서 모든 주의력을 집중하고는 다음과 같이 긍정했습니다.

'무한한 지성이 나를 위해 길을 열어줍니다. 그리고 나는 경제적으로 풍요로워지고 행복해집니다. 신은 아들이 대학교육을 받도록 돌보아줍니다. 풍요로운 부가 눈사태처럼 나에게 밀려옵니다.'

그리고 얼마 후, 그는 전에 다니던 회사의 사장을 만나보고 싶은 생각이 들어 찾아갔습니다.

사장은 그를 높은 월급으로 고용할 것을 약속함과 동시에, 공장 근처에 있는 그의 소유로 된 집을 특별히 싼값으로 양도해주기로 하여 집 문제도 간단하게 해결되었습니다.

그 뒤에도 월급은 계속 올라서 아들을 대학에 보내는 문제는 깨끗이 해결되었습니다. 그는 그의 마음속에서 답을 끌어낸 것입니다.

만능의 잠재의식은 누구에게나 존재합니다.
그것은 외부세계의 모든 방해나 소리를 차단하고
조용히 생각에 잠겨야 활동을 시작합니다.

고요함이 주는 위대한 힘

고요함은 마음의 안식입니다. 마치 수면이 몸의 피로를 회복 시켜 새로운 힘을 주듯이, 고요함은 사람과 신을 연결시켜 사람 의 마음에 휴식을 주고 생기를 북돋워줍니다.

에머슨은 "신의 속삭임을 듣기 위해 침묵하자"고 말합니다. 에 머슨이 말하는 신은 잠재의식의 지성이라고 말해도 좋습니다. 이 신은 절대 큰소리로 말하는 일이 없으므로, 조용한 시간을 갖 지 않는 마음에는 들리지 않습니다.

고요함이란 당신의 주의력과 감각이 밖으로 돌아다니는 것을 멈추고, 잠재의식의 무한한 예지가 해답을 줄 것을 기대하면서,

초점을 당신의 이상, 목표, 목적 등에 맞추는 침묵의 장입니다.

오감을 지각하는 세계에서 벗어나 고요 속에 묻히세요. 당신의 소망이나 아이디어가 현실에서 이루어진 것을 묵상하세요. 이는 자주 되풀이할수록 좋습니다. 당신에게 아이디어를 준 무한한 예지는 그 아이디어가 실현되도록 완전한 계획을 제시하고 있습니다. 당신은 실제로 소원이 이루어지는 기쁨을 맛보게 될 것입니다.

한 어머니가 머피 박사에게 아이가 말을 안 들어 속상하다고 하소연했습니다. 그러자 박사는 그녀에게 매일 아침 성경의 시편을 읽고 난 후, 눈을 감고 주위의 모든 것으로부터 자신을 격리시키라고 권했습니다. 실제로 그녀는 조용히 묵상할 필요가 있었고, 신의 무한한 사랑과 한없는 지혜, 완전한 조화에 대해 생각하고, 아이들을 둘러싸고 있는 사랑과 평화와 기쁨을 느끼며, 사랑과 평화가 자신의 마음을 가득 채우고 아이들도 그 속에서 올바르게 성장하게 될 것임을 확신하며 조용히 묵상했습니다.

그녀는 마침내 정신적으로도 평화와 즐거움을 되찾았으며 가정에도 평화와 즐거움으로 가득 차게 되었습니다.

때론 조용히 침묵하고 묵상하세요.
고요함이 문제를 해결해줄 것입니다.

습관적 재현의 위대성

성경에는 '남에게 대접을 받고자 하는 대로 네가 먼저 대접하라'(마태복음 7장 12절)는 황금률이 있습니다. 다르게 말하면 심판받지 않으려면 너도 남을 심판해서는 안 된다는 뜻도 됩니다.

왜냐하면 '너희가 비판하듯 너희도 비판받고, 너희가 헤아리는 헤아림으로 너희가 헤아림을 받을 것'(마태복음 7장 1~2절)이기 때문입니다.

어떤 회사의 여비서가 여직원들에게 몹시 화가 나있었습니다. 이유는 여직원들이 그녀의 흉을 보고 있으며 그녀의 표현을 빌리자면, 자신에 대해 터무니없는 소문을 퍼뜨리고 있기 때문이었습니다. 그녀는 "나는 남자는 좋지만 여자들은 정말 싫어요"라며 불만스럽게 말했습니다.

머피 박사가 그녀를 관찰해 본 결과, 그녀는 회사에서 자신보다 서열이 낮은 여직원들에게는 몹시 오만하고 불쾌하게 대한다는 것을 알았습니다.

박사는 그녀에게 잠재의식의 법칙을 설명해주었습니다. 자신의 행동을 깨달은 그녀는 그 법칙을 이해하고, 다음과 같은 기도를 규칙적으로 실천하며 습관화시켰습니다.

"나는 애정을 담아 조용히 평화를 생각하고, 말하고, 행동합니다. 나를 비난하거나 근거도 없이 악담을 퍼뜨리는 여직원들에게 지금, 사랑과 평화와 관용과 친절을 보냅니다. 내가 부정적으로 반응하려고 할 때에도 내 안의 조화와 건강과 평화를 위해서 다시 한 번 생각하여 말하고 행동합니다."

그 후부터 여직원들 사이에서는 그녀를 험담하는 말들이 모두 사라졌습니다.

잠재의식은 녹음기와 같아서
당신의 습관적인 생각을
똑같이 현실에 재현해내는 능력을 가졌습니다.

어느 직장인의 불만

　잠재의식은 반드시 각자가 의식하는 마음을 통해서만 그 능력을 드러냅니다. 당신이 생각하고 느끼는 것이 당신의 현실이 되어 나타나는 것입니다. 우리가 스스로 생각하고 느끼는 것에 주의해야 하는 이유는 바로 여기에 있습니다.

　어느 날 한 세일즈맨이 나에게 찾아와서 자신의 부장과 함께 일하기가 얼마나 힘든지를 토로했습니다. 그는 그 회사에 10년 간이나 근속하고 있는데, 아직 승진 한 번도 못했으며 인정도 못 받고 있다고 불평했습니다. 그가 자신의 판매실적을 보여주었는데 다른 사람에 비해 훌륭한 편이었습니다.

그의 말에 따르면 부장이 그를 싫어해서 부당한 취급을 하며, 그의 제안을 묵살한다는 것이었습니다. 그의 마음은 부장에 대한 불만과 반감으로 가득했습니다. 그는 언제나 부장에 대한 비판과 험담, 말대꾸 따위로 가득 차있는 자신의 마음과 대화를 하고 있었습니다. 아시다시피 마음속으로 하는 말이나 생각은 반드시 현실 세계에 나타나게 되어 있습니다. 그가 부장에게 던졌던 온갖 불평불만이 오히려 자신에게 떨어지는 상황이었습니다.

그 점을 지적하자 세일즈맨은 자신에게 잘못이 있음을 깨닫고, 부장을 험담하기보다 건강과 성공과 마음의 평화와 행복을 빌기로 했습니다. 그리고 잠들기 전에 자신의 훌륭한 일솜씨를 부장에게 칭찬 받는 장면을 상상했습니다. 그는 점점 그것이 사실이라고 느끼며 부장의 손의 온기를 느끼고, 부장이 칭찬하는 소리를 듣고, 부장이 그를 향해 미소 짓는 것을 보았습니다.

그의 마음은 잠재의식에 새겨졌고 자연스럽게 겉으로 표출되었습니다. 부장은 그의 능력을 인정해 백여 명의 부하를 둔 팀장으로 승진시켰을 뿐만 아니라 급여도 대폭 올려주었습니다.

당신의 마음은 창조력을 가진 매체입니다.
당신이 다른 사람에 대해 생각하거나 느끼는 일은
당신도 똑같이 체험하게 됩니다.

용서하는 마음은
축복 받는 마음

1년 전쯤 당신의 손에 상처가 나서 심하게 아팠었다고 가정해 봅시다. 그러나 지금은 아프지 않습니다. 왜냐하면 대자연의 생명이 상처를 치유하고 아픔을 없애주기 때문입니다.

만일 누군가가 당신의 마음을 상하게 하거나 당신에 대해 거짓말하거나 중상 모략하거나 여러 가지 악담을 한다고 합시다.

그 사람을 생각하면 부정적인 기분이 듭니까? 그 사람을 떠올리면 속이 뒤틀리는 기분이 드시나요? 그렇다면 증오의 뿌리는 또 거기서 당신과 당신의 선한 마음을 파괴하고 맙니다. 그것은 아픔이 영원히 가시지 않는 상처를 몸에 지니는 것과 같습니다.

몸의 아픔은 얼마 안 가서 사라집니다. 낫는 것이 대생명의 의지이고, 당신도 낫고 싶다고 생각하기 때문입니다. 당신은 대생명과 똑같은 의지를 가지고 있기 때문입니다.

그런데 마음의 상처가 쉽게 낫지 않는 것은 왜일까요?

당신이 대생명의 의지를 거스르며 용서하려고 하지 않기 때문입니다.

잘 생각해 보세요. 자신의 생각이나 반응, 감정의 주인은 다름 아닌 당신입니다. 당신이 상처를 입지 않기 위해 처신한다면 당신의 마음이 상처 받는 일은 없습니다.

그런데도 당신의 마음에 상처를 주는 사람이 있다면, 그 사람을 위해 기도하고 축복해주세요. 이는 결과적으로 당신 자신을 축복하는 일입니다. 또한 남을 증오하는 마음은 당신 자신을 증오하는 것과 다름없습니다.

이것이 잠재의식의 진리입니다.

남을 용서하지 못하는 마음은,
영원히 아픔이 가시지 않는
상처를 안고 사는 것과 같습니다.

용서는 두 번 할 필요가 없다

남을 용서한다는 것은 참으로 어려운 일입니다. 용서를 잘한다면 당신의 인생에 기적이 일어납니다.

그러면 지금부터 남을 용서하는 법을 알려드리겠습니다. 우선 마음을 느긋하게 갖고 긴장을 푸세요. 그리고 우주의 대 진리에 대해 묵상하며, 다음과 같이 긍정합니다.

'나는 A 또는 B씨를 흔쾌히 용서합니다. 나는 그 전에 있었던 일을 모두 완전히 용서해주겠습니다. 나는 자유로우며 그도 자유롭습니다. 나는 이제까지 나를 화나게 했던 모든 사람, 모든 일에 대해서 용서했습니다. 모든 사람에게 건강과 행복, 그리고 행운이 함께하기를 기원합니다. 나를 불쾌하게 한 사람이 생각나면 "나는 당신을 용서했습니다. 모든 행운이 당신의 것입니다"라고 말해주겠습니다. 당신도 자유인이고 나도 자유인입니다.'

어떻습니까? 참으로 멋지지 않습니까?

참된 용서는 당신이 그 사람을 한 번 용서하면 기도를 되풀이할 필요가 없습니다. 그 사람이 머리에 떠오르거나 옛날에 받은 상처가 떠오른다면, 간단하게 "그대에게 평온과 행복이 함께하기를" 하고 말해주세요.

한 번 용서해준 사람을 또다시 당신의 마음에 넣을 필요도 없고, 다시 용서할 필요도 없습니다. 며칠이 지나면 그 사람에 대한 생각이나 기억이 떠오르는 횟수가 점점 적어지고, 드디어는 퇴색되어 지워져버렸음을 알게 될 것입니다.

모든 것을 용서하고 미움이 없을 때, 마음에는 평화와 기쁨이 찾아오며 그로부터 활기찬 생활이 시작됩니다.

남을 용서한다는 것은
그를 마음속에서 자유롭게 놓아주는 것입니다.

알코올 중독자가
재벌이 된 이야기

당신은 습관으로 만들어졌습니다. 그리고 습관은 당신 안에 있는 잠재의식의 작용입니다. 수영, 춤, 자동차 운전을 배울 수 있는 것은, 그것을 몇 번씩 의식적으로 반복해서 연습했고, 그 연습 방법이 잠재의식 속에 확립되었기 때문입니다. 그리고 잠재의식이 자연스럽게 습관화시킨 것입니다. 이것은 제2의 천성, 바로 당신의 생각이나 행위에 대한 잠재의식의 반응입니다.

존슨 씨는 자신의 과음 습관 때문에 고민하고 있었습니다. 그동안 술을 끊겠다며 단단히 결심했지만 매번 실패했습니다.

실패했다는 무력감이 잠재의식에 강력한 암시로 작용했고, 그 약점은 다시 악화되어 그의 인생은 실패의 연속이었습니다. 결국 그 일들로 인해 처자식들과도 따로 지낼 수밖에 없었습니다.

그와 상담을 해본 머피 박사는 우선 술을 끊으려는 노력을 그만두게 했습니다. 마음에 갈등만 일으키기 때문입니다. 그리고 몸의 긴장을 풀고 졸음이 오는 명상 상태에 들어간 다음, 소망이 이루어진 상황을 습관처럼 상상하라고 말했습니다.

그는 잠재의식에 의지하는 방법을 터득했습니다. 딸이 아버지가 과음 습관에서 벗어난 것을 기뻐하며, "아빠가 집에 계시니 너무 좋아요"라고 말하는 장면을 상상했습니다. 또 마음이 긴장될 때면, 미소 짓는 딸과 단란한 자신의 집을 떠올렸습니다. 그렇게 느리게나마 그의 잠재의식에는 새로운 습관이 만들어졌습니다. 술을 마시는 자신이 아니라 행복한 가장으로서의 자신이 마음속에 자리하게 된 것이죠. 그는 언제부턴가 더는 술에 빠져 지내지 않게 되었고, 단란한 가정으로 돌아왔습니다. 이 방법을 사업에도 이용한 그는 수백 억 자산의 회사 대표가 되었습니다.

당신은 이제까지 지녀온 여러 습관 더미와 같습니다.
습관은 잠재의식의 틀이므로 당신을 바꾸고 싶다면
먼저 그 틀부터 바꿔야 합니다.

좋지 못한 징크스는 무시해라

회사에서 잘 나가던 영업사원 브룩 씨는 최근 3개월 동안 극심한 슬럼프를 겪고 있었습니다. 구두 계약이 다 끝나고 계약서에 서명만 받으면 되는 최종 단계에서 번번이 계약이 무산되었기 때문입니다. 그래서 분명히 어떤 징크스가 자신을 따라다니는 것이라고 생각했습니다.

머피 박사가 그의 이야기를 잘 들어보니, 다음과 같은 사실을 알 수 있었습니다.

브룩 씨는 3개월 전, 계약에 서명한다고 약속해 놓고 마지막에 가서 그만 둔 치과 의사에게 화가 나서 그를 미워하고 원망한 일이 있었습니다. 그리고 다른 고객들도 그처럼 하지 않을까, 무의식적으로 두려워하기 시작했습니다. 결국 그 일이 잠재의식에 새겨지게 되었고, 마지막 순간에 취소당하지 않을까 하는 불안감이 사실화 되는 악순환이 생겨났습니다.

성경에도 있듯이 '내가 가장 두려워했던 일이 나에게 내려 덮었다'는 말과 같은 상황입니다.

브룩 씨는 문제가 자신의 마음속에 있으며, 마음가짐을 바꾸는 일이 무엇보다 중요하다는 걸 깨달았습니다. 이로써 불행의 고리를 단절하게 되었습니다.

그는 매일 아침 고객들을 방문하러 가기 전에, 자신은 어려움이나 장애를 모르는 잠재의식의 무한한 지성과 한몸인 것을 기쁘게 생각하며, 잠재의식이 자신의 기대에 응답해줄 것을 믿는다는 말을 스스로에게 들려주었습니다.

이 기도를 매일 아침 고객을 방문하기 전과 취침 전에 되풀이했고, 얼마 후 새로운 습관을 자신의 잠재의식 속에 확립함으로써 더 많은 계약을 성사시키는 유능한 영업사원이 되었습니다.

징크스도 잠재의식에 심어진 습관일 뿐입니다.
잠재의식에 새로운 습관을 심어넣는다면
우리는 징크스로부터 언제든 빠져나올 수 있습니다.

스스로 만든 심리학적 감옥

알코올 중독에 걸린 사람은 깊은 열등감, 사회의 부적응, 패배감, 좌절감, 적대감이 항상 따라다닙니다. 그들이 술을 마실 수밖에 없는 이유는 수없이 많습니다. 하지만 가장 큰 이유는 자신의 사고방식에 있습니다.

중독에서 벗어나려면 우선 자신이 알코올 중독자인 것을 솔직하게 시인하되 문제를 회피해서는 안 됩니다. 많은 사람들이 알코올 중독에서 벗어나지 못하는 이유는, 스스로 인정하려 들지 않기 때문입니다. 인생에 맞서기를 거부하고 이런저런 이유를 대는 것은 음주의 책임을 회피하려는 의도입니다.

이것은 잠재의식의 견지에서 보면 자신이 만든 심리학적 감옥에 살면서 자신의 잘못된 신념이나 교육이나 환경에 묶여 있는 것과 같습니다.

태어날 때부터 알코올 중독자인 사람은 없고 단지 습관에 의해 만들어졌을 뿐입니다. 당신은 후천적으로 현재의 방식대로 반응하도록 만들어졌고, 그 방식은 스스로 선택했습니다.

잠재의식의 힘은 당신을 알코올에 대한 욕구에서 해방시켜줄 수 있습니다.

먼저 동요되는 마음을 차분히 가다듬고 고요한 상태에 돌입합니다. 느긋하고 평화로운 상태에서 마음의 밑바탕에 있는 세상에 대한 적대감을 없애고 평화와 대생명에 대해 묵상하세요. "술을 끊는 것과 마음의 평화는 이제 내것이다. 나는 거기에 감사한다"라고 몇 번씩 조용하고 단호하게 선언하십시오. 또 "술에서 해방된 것을 축하한다"라고 말해주는 가족이나 친구의 미소를 그려보고 그 음성을 들으세요.

그리고 이것을 스스로 만족스러울 때까지 반복하세요. 그러면 반드시 현실이 되어 나타납니다.

알코올 중독의 주된 원인은
그 사람의 부정적이고 파괴적인 성격입니다.

공포는 인류 최대의 적이다

성악을 공부하는 여학생이 있었습니다. 훌륭한 목소리를 가진 그녀는 몇 번씩 오디션에 나갔지만 그때마다 무대 공포증 때문에 실패했습니다.

그녀는 많은 사람 앞에 서는 것을 두려워합니다. 심리학적인 면에서 공포는 잠재의식에 대한 명령이며, 잠재의식은 그 공포를 실제로 표현하도록 만들어 당신을 실패하게 만듭니다. 지난번에는 오디션 도중에 악보와 다르게 노래를 불러 그 자리에 주저앉아 울음을 터뜨리는 실수를 저지르고 말았습니다.

그러던 그녀가 무대 공포증을 극복하게 되었습니다.

그녀는 하루에 세 번, 혼자 있는 방에서 안락의자에 앉아 몸을 편안히 하고 눈을 감았습니다. 마음과 몸을 될 수 있는 한 편안히 했습니다. 몸을 움직이지 않으면 마음도 수동적이 되어서 암시를 받아들이기 쉬운 상태가 되기 때문입니다.

그녀는 "나는 아름다운 목소리로 노래 부릅니다. 나는 침착하고, 안정되어 있으며, 자신감 있고, 편안합니다"라고 자신 있게 몇 번씩 반복해서 들려주었습니다. 또 자신이 아름다운 모습으로 서서 많은 사람들 앞에서 노래 부르는 것을 눈에 보이듯이 마음속으로 생생하게 그렸습니다. 여학생은 이렇게 해서 어둡고 부정적인 암시를 밝고 긍정적인 암시로 바꿔나갔습니다.

그녀는 이 말을 매일 5분 내지 10분씩 느긋하게 감정을 담아 되풀이했습니다.

그로부터 일주일 후 여학생은 자신도 놀랄 만큼 침착해지고 자신감을 갖게 되었으며, 오디션에서도 뛰어난 기량을 발휘했습니다. 이것이 공포를 극복한 구체적인 사례입니다.

공포는 인류의 가장 큰 적입니다.
실패나 병이나 나쁜 인간관계의 뒤편에는
공포가 도사리고 있기 때문입니다.

시험 걱정을 없애는 비결

많은 사람이 시험 때면 암시에서 오는 일시적 기억상실증에 걸립니다. 그들은 대개 "시험이 끝나면 기억나는데 시험 중에는 도무지 답이 기억나지 않아요"라고 말합니다.

실패를 생각하고 있으면 실패한다는 것이 잠재의식의 법칙입니다. 여기서 '생각'이란 항상 주의를 집중하는 것을 가리킵니다.

어떤 의과 대학생에 대한 이야기입니다.

그는 과에서 가장 머리가 좋은데 필기시험이건, 구두시험이건, 시험만 치면 간단한 질문도 대답을 못하는 것이었습니다. 시험

날만 앞두면 며칠 전부터 걱정하고 두려워했습니다. 이것은 결국 자신의 잠재의식에 자신이 실패할 것이라는 믿음을 심은 것이나 마찬가지입니다.

머피 박사는 그에게 잠재의식은 기억의 창고라서 책을 읽거나 강의 내용을 전부 기록하고 있다는 것, 잠재의식은 그 사람의 믿음에 반응하고 응답한다는 것을 가르쳐주었습니다. 잠재의식과 좋은 관계를 유지하기 위해서는, 느긋하고 편안한 기분으로 자신감을 갖는 것이 좋다고 이해시켰습니다.

그런 다음 자신이 좋은 성적을 받아 어머니로부터 칭찬받는 장면을 상상하게 했습니다. 행복한 결과에 대해 생각하면 잠재의식은 행복한 생각에 틀림없이 응답해주니까요.

그는 다음 시험에 무난히 합격함으로써 상상을 현실에서 체험할 수 있었습니다.

시험 때면 겪는 기억상실에는
공포가 도사리고 있습니다.
공포로부터 자유로워지지 못하면
지식을 살릴 수 없습니다.

공포를 극복하는 길

물 공포증, 고소공포증, 폐소공포증 등 뭔가를 병적으로 두려워하는 사람이 있습니다.

인간이 선천적으로 가지고 있는 공포는 낙하 공포와 소리 공포, 이 두 가지 밖에 없습니다. 이는 자기 보호를 위해 자연이 준 일종의 경고이며 정상적이고 자연스러운 공포입니다. 자동차가 가까이 오는 소리를 들으면 길옆으로 비키는 것처럼 말이지요.

하지만 공포증은 비정상적이며 파괴적입니다. 자신이 두려워했던 일이 실제로 벌어지기 때문입니다. 그러나 비정상적인 공포는 상상력이 빚어낸 것이므로, 마찬가지로 극복하는 것도 상상력으로 얼마든지 가능합니다.

만약 당신에게 물을 두려워하는 공포증이 있다면, 하루 서너 번씩 5분에서 10분쯤 조용히 앉아 머릿속으로 자신이 헤엄치는 장면을 상상해보세요. 진짜 헤엄치듯 물의 차가움, 팔과 발의 움직임을 떠올려보세요. 그리고 그 순간의 즐거움을 생생하게 느끼세요.

이것은 한낮의 허무한 꿈이 아닙니다. 왜냐하면 당신이 상상 속에서 체험한 일은 잠재의식 속에서 반드시 현상되기 때문입니다. 그러면 당신은 싫든 좋든, 당신의 마음 깊은 곳에서 인화된 화상을 현실에 나타내지 않을 수 없게 되는 것입니다. 이것이 잠재의식의 법칙입니다.

고소공포증도 마찬가지입니다. 자신이 산에 올라간 광경을 상상하고 현실처럼 느끼면서 산의 풍경을 즐기세요. 이렇게 계속하면 가벼운 기분으로 높은 산도 올라갈 수 있다는 확신이 생깁니다. 그리고 실제로 그렇게 됩니다.

이 법칙은 어디에나 응용할 수 있습니다. 당신의 사업이나 사랑, 모든 것에 응용할 수 있는 요술 주머니와 같습니다.

물이 두려우면 헤엄치는 자신의 모습을 상상하세요.
비정상적인 두려움은 반드시 극복할 수 있습니다.

실패가 두려우면
성공에 관심을 돌려라

실패가 두렵다면 주의를 성공으로 돌리세요. 병이 두려우면 완전한 건강을 생각하고, 사고가 두려우면 신의 인도와 보호를, 죽음이 두려우면 영원한 생명에 대해 생각하세요.

당신이 두려워하는 것을 당신이 소망하는 형태로 바꿀 때 해결됩니다. 병이 생기면 건강을 바라고, 공포라는 감옥에 갇혀 있으면 공포로부터의 자유를 원하듯 좋은 것을 기대하세요. 좋은 일에 생각을 집중하고, 자신의 잠재의식은 늘 당신에게 답을 준다는 것을 확신하세요.

가난한 수재가 있었습니다. 그 학생은 경제적으로 아주 어려운 환경에 있었으므로 학비 때문에 졸업이나 할 수 있을까 늘 걱정하고 있었습니다. 그 걱정 때문에 학교 공부가 잘 안 되는 것 같아서 저는 학생에게 장래에 어떤 사람이 되고 싶냐고 물었습니다. 그는 영문학자가 되고 싶다고 말했습니다.

그래서 그에게 자신이 강의하고 있는 장면, 자신이 서재에서 연구하고 있는 장면, 외국 대학에 유학 중인 장면을 상상하게 하고 눈앞의 근심을 없애도록 권했습니다. 특히 이상적인 서재의 설계도를 그래프용지에 그려 보라고 말했습니다. 그날부터 그는 내 말을 행동으로 옮겼습니다.

그 후 기적적인 일들이 잇달아 일어났습니다. 그는 여러 곳에서 장학금을 받게 되었고, 심지어 외국의 대학으로 유학을 가게 되었습니다.

지금 그는 학창시절에 설계한 멋진 서재에서 연구에 몰두하고 있습니다. 그가 돈만 걱정하고 있었다면 아마 대학 졸업도 어려웠을지 모릅니다.

희망은 모든 일이 가능하다고 가르치고
절망은 모든 일이 불가능하다고 가르칩니다.

당신의 마음은 영원하다

당신의 잠재의식은 늙지 않습니다. 잠재의식은 기간을 초월하고, 시대를 초월하며, 끝이 없습니다. 그것은 우주의 시초부터 존재했던 생명의 일부이므로 결코 죽지도 않습니다.

잠재의식은 대서양이나 태평양의 물과 같습니다. 그것은 한없이 넓고 한없이 깊습니다. 그 넓은 바다의 표면에는 끊임없이 파도가 일고 있습니다. 그 파도 하나하나가 개인의 의식하는 마음입니다. 파도는 모양이 각기 다릅니다. 하지만 그것은 결국, 넓은 바다의 표면에 지나지 않고 같은 사물의 일시적인 모양에 지나지 않습니다. 일었던 파도도 언젠가는 사라집니다.

우주가 창시되고 얼마나 많은 인간이 살다 갔을까요?

모든 것이 사라지고, 또 모든 것이 다시 생깁니다. 어떤 파도는 없어지고 어떤 파도는 다시 생깁니다. 지금 어떤 파도가 사라졌다고 슬퍼할 필요가 있겠습니까? 어차피 같은 바다 위의 파도이고 그 바다에서 다시 파도가 이는 법입니다.

그 바다에 해당하는 잠재의식에 대해 하나하나의 파도인 우리들은 몸과 마음을 맡겨 충만하고 행복한 인생을 살아갈 수 있습니다. 바다가 늙음을 모르듯이 잠재의식에 노쇠란 없으며 당신의 마음도 영원합니다.

미국 오하이오 주 신시내티 시의 한 의사는, 사람이 나이를 먹는 것으로만 노쇠 현상이 일어나는 것은 아니며, 마음이나 육체에 해로운 영향은 시간에 대한 공포이지 시간 그 자체는 아니라고 말하고 있습니다. 다윈이나 칸트가 훌륭한 업적을 거두었을 때의 나이가 예순 살 이후의 일이었듯이 말입니다.

행복은 인간의 선 중의 선이며
목적 중의 목적이며 가치 중의 가치입니다.
행복은 기쁨과 안식, 평화를 주는 마음입니다.
노력만 기울이면 누구나 찾을 수 있는
인생의 향기로운 꽃입니다.

부와 성공의 지혜는
잠재의식 속에 있다

우리의 선구자들은 오랫동안 '나는 누구인가?'라는 의문점에서 출발해, 어떻게 사는 것이 가장 인간답고 행복한가를 연구해왔습니다. 이 책은 그 해답에 덧붙여 진정한 부와 성공을 성취하려면 어떻게 해야 하는지에 대해서도 그 해답을 안겨주고 있습니다.

오랜 역사를 통해 인간의 능력은 무한히 증명되어 왔습니다. 하지만 이제 우리는 그 능력이 인간의 잠재의식 속에서 불러내온 일부에 지나지 않음을 깨닫게 됩니다. 우리는 지금보다 더 능력 있고 더 행복하며 더 성공할 수 있음을 이 책이 증명해주고 있기 때문입니다.

인생을 살아가는 사람이라면 부를 얻고 성공하고자 원하는 것은 당연한 이치입니다.

그렇다면 지금보다 더 부유해지고 성공하려면 어떻게 해야 하는 것일까요?

이 책은 수없이 어려운 현실과 부딪치며 실패와 고난을 겪어온 우리에게, 부와 성공의 지혜는 당신의 마음속, 더 깊이는 잠재의식 속에 있다고 온갖 실례로 깨우쳐주고 있습니다.

이 책을 처음 읽을 때는 잠재의식이 빚어내는 기적과도 같은 일에 누구나 한번쯤 반신반의하게 마련입니다. 하지만 10번째쯤 명상하면 인간다운 삶이 뭔지 머릿속에 서서히 자리하기 시작하고, 30번째쯤 명상하면 가난한 사람은 자신이 왜 가난한지, 실패한 사람은 자신이 왜 실패했는지 깨닫게 됩니다. 드디어 50번째쯤 명상하면 모두가 잠재의식의 진리에 매료되고 맙니다. 따라서 성공과 부와 행복과 사랑은 나와 아주 가까이 있어서 금방이라도 손을 뻗치면 잡힐 듯한 확신을 갖게 되고, 한없는 설렘과 행복감에 빠지게 됩니다.

그리고 마침내 이 책의 마지막 장을 넘기는 순간, 지금의 나는 어제의 내가 아닙니다. 내 곁에 있는 모든 사람들이 어제의 그들이 아니며, 세상도 어제의 세상이, 진리가 어제의 진리가 아니게 되는 놀라운 체험을 하게 됩니다.

잠재의식의 힘은 새로운 능력도 기적도 아닙니다. 인간의 역사 이래 늘 우리 곁에 아니 우리 안에 있어 왔고, 우리에게 성공도 실패도 행복도 불행도 모두 안겨주었습니다. 다만 그것들은 우리 스스로 선택한 것이지만 말입니다.

우리가 행복하든 불행하든, 부자든 가난하든, 성공자이든 실패자이든 그것은 스스로 만든 결과입니다. 앞으로의 삶도 스스로 얼마든지 만들어갈 수 있습니다. 거기에는 한 치의 망설임이나 갈등도 불신감도 필요치 않습니다.

우리 모두 진심을 다해 다시 어머니의 뱃속에서 갓 태어난 아기로 돌아가 보는 건 어떨까요? 그리고 우리의 마음속을 아름답고 행복한 색깔들로 물들여 보는 것입니다.

잠재의식은 그 마음이 곧 그 사람임을 믿으며, 그 마음 그대로 실현시켜주는 능력을 가졌습니다.

5분 명상
Five Minute Meditation

이 책은 여러 번 읽을수록 좋습니다. 읽을 때마다 아래에 날짜를 쓰세요.
또 당신에게 기쁜 변화가 있었다면 아주 사소한 것이라도 써보세요.
작은 수고와 기쁨이 쌓이면 내일 더 큰 성취, 더 큰 기적을 불러옵니다.

커피 한 잔의 명상으로 10억을 번 사람들

6판 1쇄 발행 2019년 12월 5일 **6판 9쇄 발행** 2022년 7월 1일

지은이 조셉 머피 · 오시마 준이치
옮긴이 박운용
펴낸이 이종근

기획편집 은영미
디자인 이하나

펴낸곳 나라원 **출판등록** 1988년 4월 25일 제300-1988-64호
주소 서울 종로구 종로53길 27 나라원빌딩 (우. 03105)
전화 대표 02-744-8411 **팩스** 02-745-4399
홈페이지 www.narawon.co.kr **이메일** narawon@narawon.co.kr

ISBN 978-89-7034-290-0 (03320)